RECHERCHES

EXPÉRIMENTALES ET ANALYTIQUES

SUR LES MACHINES A VAPEUR.

CHAPITRE PREMIER.

MÉMOIRE

Présenté à la Société Industrielle du Nord de la France.

Par M. G. LELOUTRE.

RECHERCHES

EXPÉRIMENTALES ET ANALYTIQUES

SUR LES MACHINES A VAPEUR.

CHAPITRE PREMIER.

MÉMOIRE

Présenté à la Société Industrielle du Nord de la France.

Par M. G. LELOUTRE.

V

RECHERCHES
EXPÉRIMENTALES ET ANALYTIQUES
SUR LES MACHINES A VAPEUR.

CHAPITRE PREMIER.

MÉMOIRE PRÉSENTÉ A LA SOCIÉTÉ INDUSTRIELLE DU NORD DE LA FRANCE

Par M. G. LELOUTRE.

Dans sa séance du 30 mai 1873, la Société Industrielle du Nord de la France a entendu la lecture d'un intéressant travail de M. Leloutre, sur les phénomènes de la détente, les condensations dans les cylindres et les effets de l'enveloppe dans les machines à vapeur.

Le 25 novembre 1873, M. Hallauer de Mulhouse adressa, au Président de notre Société, une lettre, par laquelle il affirme avoir été le collaborateur de M. Leloutre.

La Société Industrielle du Nord de la France, désirant rester absolument étrangère à tout débat de cette nature, se bornera à publier en tête du travail en question : 1° la lettre de M. Hallauer ; 2° la préface que M. Leloutre vient de faire comme réponse.

LETTRE ADRESSÉE PAR M. HALLAUER A M. LE PRÉSIDENT DE LA SOCIÉTÉ INDUSTRIELLE DU NORD DE LA FRANCE.

Mulhouse, 25 novembre 1873.

Monsieur KUHLMANN, *Président de la Société Industrielle de Lille.*

Je viens d'apprendre par M. Hirn que M. Leloutre s'est décidé à offrir à votre Société industrielle de publier dans ses Bulletins un travail sur les machines à vapeur, travail pour lequel il m'avait choisi comme collaborateur.

Depuis deux ans que les circonstances nous ont séparés, j'ai continué de mon côté à agrandir le cercle des recherches auxquelles il m'avait associé, et je me suis surtout attaché aux machines horizontales, machines sur lesquelles nous n'avions pas de renseignements suffisants lorsque je travaillais encore avec M. Leloutre.

C'est ainsi que j'ai été amené à étudier les machines de MM. Sulzer frères, de Winterthur, à soupapes équilibrées, et tout récemment, dans un travail présenté le mois dernier à la Société industrielle de Mulhouse, les machines Corliss construites par Mme veuve André, de Thann.

J'ai eu soin de présenter le premier travail que j'ai publié comme une simple application de la méthode d'analyse et d'essai que M. Leloutre a dû vous exposer dans tous ses détails, renvoyant mes lecteurs à ce travail que M. Leloutre m'a dit être en voie de publication.

Dans l'analyse des machines Corliss, je me suis naturellement servi pour les égalités entre calories, de formules qui sont développées dans le travail de M. Leloutre, formules que nous devons à l'obligeance de M. Hirn, qui nous a dirigés, M. Leloutre et moi, dans toutes nos recherches.

Dans cette dernière analyse j'ai été amené à traiter la question des enveloppes de vapeur; car, par une heureuse circonstance, j'ai pu faire des expériences sur deux machines de mêmes dimensions, ne différant entre elles que par cet organe essentiel, donnée qui nous manquait encore à l'époque où je travaillais avec M. Leloutre.

Je me fais un devoir de dire que si depuis que nous sommes séparés, M. Leloutre a élucidé dans le même sens que moi la série des effets de l'enveloppe, je suis tout prêt à reconnaître, comme lui revenant de plein droit, tout ce que nous pourrions avoir fait d'identique.

Je n'ai qu'une seule réserve à faire relativement à la proportion des calories utilisées et perdues dans les moteurs que j'ai étudiés.

Cette nouvelle manière de voir, dont l'idée première m'a été donnée par M. Hirn et que je n'ai fait que développer, n'a rien de commun avec la répartition du calorique dans les parois des cylindres, question déjà traitée par M. Leloutre lorsque j'étais son collaborateur.

Enfin je donne, au nom de M. Hirn, un problème fort intéressant comme application de la thermodynamique, et où il établit la provision de chaleur enmagasinée dans les parois d'un cylindre pour faire face à toutes les circonstances du travail.

Guidé par un sentiment naturel de justice, et craignant qu'en ce qui concerne un ensemble de travaux faits d'abord en commun avec un autre, on ne m'attribue ce qui pourrait revenir de droit à mon ancien et affectionné collaborateur, je vous prie, Monsieur le président, de faire insérer cette courte notice historique dans les Bulletins de votre Société industrielle.

Je la publierai de mon côté dans les Bulletins de la Société industrielle de Mulhouse.

Veuillez agréer, Monsieur le président, l'assurance de ma parfaite considération.

O. Hallauer.

PRÉFACE.

Le travail que j'ai l'honneur d'offrir à la Société Industrielle du Nord de la France, a été commencé à Guebwiller vers la fin de l'année 1865, il a été continué à Mulhouse en 1869, repris à Remiremont en 1872 et mis au net dans certaines parties à Gand.

Dans le courant de l'année 1870 j'ai associé à ce travail M. Hallauer, mon ancien élève, employé dès 1869 comme dessinateur dans mon bureau d'ingénieur de Mulhouse.

Il s'est livré avec ardeur à mes recherches et je le remercie de son intelligent concours qui m'a surtout permis d'étendre la série de vérifications auxquelles je devais soumettre mes idées et les résultats déjà obtenus. Il a publié récemment sous son nom seul et malgré mes recommandations, un petit resumé d'une vingtaine de pages de l'ensemble de mon travail dans les Bulletins de la Société industrielle de Mulhouse (séance du 30 août 1873).

Dans ce résumé M. Hallauer parle souvent de M. Leloutre, mais il lui fait jouer un rôle subalterne.

Je n'ai pas autorisé cette publication de M. Hallauer sous la forme qu'il lui a donnée; je n'autorise pas davantage toute nouvelle publication d'une partie quelconque détachée de mon travail d'ensemble.

La lettre de M. Hallauer qui se trouve reproduite plus haut, renferme une réclamation au sujet de sa collaboration au mémoire que que je publie aujourd'hui. De plus, elle revendique une priorité sur l'analyse des effets de l'enveloppe de vapeur des cylindres, et enfin elle renferme une insinuation.

M. Hallauer, le collaborateur de la dernière ou de l'avant-dernière heure réclame sa part de collaboration, je lui ai rendu justice en la définissant tout-à-l'heure.

M. Hallauer vient de faire une seconde publication (Bulletin de la Société Industrielle de Mulhouse, novembre et décembre 1873), elle donne l'application des méthodes et formules que j'ai établies depuis longtemps alors qu'il travaillait avec moi ; je fais, bien entendu, une exception pour la belle étude de thermodynamique qu'il doit à M. Hirn. Dans sa lettre à M. le Président de la Société Industrielle du Nord de la France, M. Hallauer revendique la priorité au sujet d'une méthode d'analyse des effets de l'enveloppe à vapeur.

Voici l'alinéa auquel je m'attache :

« Je me fais un devoir de dire que si depuis que nous sommes
» séparés, M. Leloutre a élucidé dans le même sens que moi la
» série des effets de l'enveloppe, je suis tout prêt à reconnaître,
» comme lui revenant de plein droit, tout ce que nous pourrions
» avoir fait d'identique. »

Je pourrais renvoyer M. Hallauer à la lettre qu'il m'écrivit le 20 janvier 1873, et il verrait que ses prétentions ont été anéanties, il y a plus d'un an, par lui-même. Par cette lettre, il me demande l'autorisation de publier son résumé dans lequel il analyse bien réellement les effets de l'enveloppe (1).

(1) Études de trois moteurs pourvus d'une enveloppe ou chemise de vapeur, par O. Hallauer. (Extrait du bulletin de la Société Industrielle de Mulhouse, séance du 30 avril 1873).

Analyse de deux machines Corliss de mêmes dimensions, l'une sans enveloppe ou chemise de vapeur, etc. (Bulletin de la Société industrielle de Mulouse, novembre et décembre 1873.)

Si la mémoire n'a pas servi fidèlement M. Hallauer au sujet de sa lettre du 20 janvier 1873, elle lui fait encore défaut sous un autre rapport.

J'ai effectivement là, sur mon bureau, un immense tableau copié de sa main, et qui résume un an de recherches et de calculs sur l'une des machines de MM. N. Schlumberger et Cie, à Guebviller.

Ce tableau renferme l'analyse d'un essai du 26 novembre 1868, il sera inséré dans le troisième chapitre de mon travail.

C'est cet essai qui a servi de point de départ à mes recherches sur les effets de l'enveloppe. Le tableau porte les mêmes entêtes de colonnes que ceux que M. Hallauer a publiés récemment dans le bulletin de la Société Industrielle de Mulhouse des mois de novembre et décembre 1873.

Si ce tableau ne se rapporte pas à l'analyse des effets de l'enveloppe à quoi aurait-il donc pu servir ?

Je n'ai pas traité l'enveloppe autrement que M. Hallauer, ne l'a traitée après moi. Ce que je n'ai pas fait et ce que je ne pouvais pas faire, c'était de créer une machine identique à celle de MM. N. Schlumberger et Cie, mais sans enveloppe, pour établir par un nouvel essai fait dans les mêmes conditions que celui du 26 novembre 1868, l'économie due à la chemise de vapeur ; mais l'analyse des machines avec et sans enveloppe étant faite il était facile de faire la comparaison de ces deux types de machines ; c'est précisément en vue de cette comparaison que j'ai entrepris de longs calculs.

Je le félicite d'avoir eu la chance de rencontrer deux moteurs identiques, l'un à enveloppe, l'autre privé de chemise de vapeur, et je lui laisse volontiers la gloire d'avoir appliqué des formules établies il y a plus de trois ans et copiées par lui, ainsi qu'il le reconnaît volontiers dans son premier mémoire.

Il y a pourtant une différence dans la méthode que j'ai employée pour étudier l'enveloppe avec celle que M. Hallauer revendique, pour le moment, comme sienne. Je n'ai pas eu l'occasion de déterminer l'eau entraînée à l'entrée de l'enveloppe. Pour cette détermination il n'y a qu'une seule méthode à employer, c'est la méthode de M. Hirn, que les Ingénieurs qui s'occupent de machines à vapeur connaissent depuis une quinzaine d'années.

Mais, si je n'ai pas déterminé expérimentalement l'eau entraînée à l'entrée de l'enveloppe, je l'ai calculée par une discussion très-épineuse qui m'a conduit à une équation à deux inconnues. Ces deux inconnues sont, le refroidissement par le condenseur ou R_c et la quantité d'eau entraînée elle-même, à laquelle j'assigne des limites très-rapprochées. De sorte que mes déductions sont dans tous les cas correctes. Cette question a présenté de très-grandes difficultés, et M. Hirn a bien voulu me féliciter de l'avoir résolue.

J'arrive maintenant à une insinuation que renferme la lettre de M. Hallauer à M. le Président de la Société Industrielle du Nord de la France.

M. Hallauer imprime presque à chaque page de sa seconde publication, que lui et moi nous avons été dirigés par M. Hirn.

Que M. Hallauer ait travaillé sous mon impulsion et sous mon initiative, cela est hors de doute, et je possède de nombreux documents écrits de sa main qui le prouvent.

Quant à moi, j'ai eu l'honneur, depuis vingt ans de travailler très-souvent *avec* M. Hirn, mais je n'ai pas travaillé sous sa direction. Il m'a honoré de son amitié et de sa confiance, mais je n'ai jamais songé à m'approprier les résultats de ses magnifiques travaux. Du reste, si M. Hallauer a travaillé sous la direction de M. Hirn et sous mon impulsion et mon initiative, qu'est-ce qui peut l'autoriser à publier sous son nom seul, les deux mémoires que je viens de citer.

Mon intention avait été de publier mon travail actuel en faisant suivre mon nom de celui de M. Hallauer, mais ce qui s'est passé m'oblige à renoncer à cette idée et à ne donner à M. Hallauer que la part de collaboration qui lui est due.

J'ai partagé mon travail en trois chapitres.

Le premier traite des lois de la détente dans les cylindres des machines à vapeur.

Je dis à dessein *les lois* au lieu de *la loi*, car on calcule aujourd'hui encore le travail disponible sur les pistons en admettant que pendant la détente les pressions suivent la loi de Mariotte ; je démontre facilement par un nombre immense de diagrammes et d'observations calorimétiques entreprises sur une vaste échelle que la loi de Mariotte est radicalement fausse dans ses applications aux machines à vapeur.

Cette loi est exprimée par la relation :

$$\frac{p_n}{p_m} = \frac{v_m}{v_n}$$

Rankine a le premier posé, je crois, une autre loi caractérisée par :

$$\frac{p_n}{p_m} = \left(\frac{v_m}{v_n}\right)^{1,11}$$

Plus récemment MM. Hirn et Cazin, dans des observations tout-à-fait scientifiques, ont trouvé pour la vapeur surchauffée :

$$\frac{p_n}{p_m} = \left(\frac{v_m}{v_n}\right)^{1,33}$$

Mais dans les applications à nos moteurs industriels, ces deux dernières formules seraient encore plus fausses que la loi de Mariotte.

Par de nombreuses recherches je suis arrivé à la conclusion suivante :

Il n'y a pas de loi de détente unique dans les machines industrielles, ou plutôt la loi générale, si l'on parvient à en établir une, varie dans ses effets d'un coup de piston à l'autre.

Quoi qu'il en soit, l'écart des lois posées jusqu'à présent avec les faits tels qu'ils se présentent en pratique est si considérable qu'il n'est plus permis à l'avenir de calculer la puissance d'un moteur à vapeur d'après la loi de Mariotte.

J'ai déjà démontré dans un rapport sur la machine à vapeur surchauffée de M. Hirn (1) que la suite des pressions pendant la détente est représentée très-exactement par la formule générale :

$$\frac{p_\text{n}}{p_\text{m}} = \left(\frac{v_\text{m}}{v_\text{n}}\right)^\alpha$$

dans laquelle l'exposant α est généralement beaucoup plus petit que 1 , et que par suite les machines à vapeur ont un rendement pratique beaucoup plus élevé que celui que les constructeurs croient pouvoir garantir.

Quoique la loi de détente soit très-variable , il est pourtant très-facile d'établir pour un système de machines données l'exposant α , de la puissance qui détermine la loi d'expansion pour des détentes et des pressions connues.

L'ingénieur et le constructeur trouveront donc des indications utiles pour déterminer très-approximativement les éléments indispensables à l'étude d'un projet.

De ces lois de détente j'ai déduit dans le Mémoire sur la machine à vapeur surchauffée de M. Hirn une formule rationnelle pour calculer le travail d'un moteur. Dans le présent ouvrage j'étends cette formule aux machines de Woolf ou à deux cylindres. En m'appuyant sur des résultats d'observations , je donne l'analyse des principales pertes de travail depuis la chaudière jusqu'au condenseur. Je termine le premier chapitre par la vérification expérimentale d'un principe de thermodynamique dû à M. Hirn :

Le deuxième chapitre dont le titre est : *Fuites à travers le piston ou condensation dans le cylindre* » tranche une question capitale de la construction et de l'étude des effets dynamiques et thermiques des machines à vapeur. Tout ce chapitre ainsi que le pre-

(1) Recherches expérimentales sur les machines à vapeur, par M. G. Leloutre , Bulletin de la Société Industrielle de Mulhouse , avril et mai 1867.

mier établit d'une façon irréfutable que l'indicateur de Watt est un appareil qui peut supporter la comparaison avec les instruments les plus exacts de nos laboratoires.

L'analyse de plusieurs essais d'une journée de travail industriel établit l'absence de fuites à travers les pistons ou plutôt , fixe à ces fuites des limites réduites à zéro, et rend compte des abondantes condensations contre les parois des cylindres. S'il pouvait exister le moindre doute au sujet des fuites , il serait détruit par des considérations tout-à-fait fondées sur le faible refroidissement que doit subir la masse du cylindre et du piston pour justifier tous les faits analysés depuis l'admission de la vapeur jusqu'à la condensation. Dans le deuxième chapitre se trouve exposée une méthode nouvelle, permettant de calculer très-exactement, à l'aide d'un diagramme et en connaissant l'eau entraînée, la dépense de vapeur et d'eau par coup de piston , sans passer par le jaugeage de l'eau d'alimentation ou de celle du condenseur.

Par une application de cette méthode , on peut déterminer rapidement le degré de détente le plus favorable pour une machine donnée. Ce degré de détente le plus favorable correspond à peu près à une admission pendant le quart de la course d'une machine sans enveloppe. Contrairement aux idées admises jusqu'à ce jour, une détente très - prolongée dans les machines sans enveloppe de vapeur n'est pas économique , mais la différence de vapeur consommée par cheval et par heure ne diffère pas beaucoup d'un degré de détente à un autre. Le temps m'a manqué pour étendre cette même étude aux machines à enveloppes de vapeur. J'ai cependant tout lieu de croire que dans ces dernières machines la marche la plus économique correspond à une détente beaucoup plus prolongée. Les résultats auxquels on pourra arriver par la suite , dépendront nécessairement de l'influence de l'eau entraînée , de celle qui se condense dans le cylindre, des espaces nuisibles et surtout de la disposition de l'enveloppe de vapeur. Le même chapitre renferme encore l'exposition d'une méthode pour déterminer l'eau entraînée.

Le troisième chapitre renferme une étude sur l'influence de l'enveloppe de vapeur et une analyse de la répartition du calorique par coup de piston et se termine par quelques conclusions pratiques sur la construction des moteurs à vapeur.

Un grand nombre d'observations qui forment la base de ce travail ont été prises sur les machines de MM. N. Schlumberger et Cie, à Guebwiller et sur la machine à vapeur surchauffée de M. Hirn, sur laquelle j'ai publié dans les bulletins de la Société Industrielle de Mulhouse, en avril et mai 1867 un premier mémoire.

M. Hirn m'a non seulement encouragé dans ces longues recherches, mais il a pris le plus grand intérêt à la marche et au développement successif de mon travail.

A fur et à mesure que j'avançais, je lui ai soumis le but de mes recherches nouvelles et les résultats obtenus.

Un échange continuel d'idées entre lui et moi faisait souvent naître de nouvelles vérifications, et c'est ainsi que la publication de ce travail a été retardée ; finalement ; mon départ de l'Alsace a apporté un nouveau retard de deux ans.

J'ai mis hors de doute beaucoup d'idées de M. Hirn, j'ai été souvent heureux de lui voir partager les miennes.

Avant mon départ de l'Alsace, je lui ai remis le manuscrit, il a bien voulu y joindre quelques notes que je me fais un devoir de reproduire.

Je le prie de recevoir l'expression de ma plus sincère gratitude pour les bons conseils qu'il m'a donnés, et pour la part directe qu'il a bien voulu prendre dans quelques observations ainsi que dans la discussion des résultats. Jamais je n'ai voulu conclure avant d'avoir son approbation, et sa bonne et vieille amitié m'a toujours soutenu et encouragé.

Gand (Belgique) 1873.

G. LELOUTRE.

RECHERCHES

EXPÉRIMENTALES ET ANALYTIQUES

SUR LES MACHINES A VAPEUR.

Par M. G. LELOUTRE.

§ 1er. INTRODUCTION.

Dans un mémoire sur la machine à vapeur surchauffée de M. Hirn(1),
j'ai été conduit à déterminer la loi de la détente de la vapeur dans ce
moteur, et à établir une formule propre à rendre compte très-approximativement du travail disponible.

J'ai prouvé, par des diagrammes relevés avec l'indicateur de
Watt, que la vapeur surchauffée suivait pendant la détente sensiblement la loi de Mariotte dans les conditions particulières où se
trouvait placée la machine et avec une fraction d'introduction fixée à
$f = 0,2344$ de la course du piston.

En faisant travailler la vapeur surchauffée avec un autre degré
d'expansion $f = 0,125$, les pressions pendant la détente répon-
daient à une loi différente exprimée par la relation

$$\frac{p_n}{p_o} = \left(\frac{v_o}{v_n} \right)^{0,90}$$

formule dans laquelle p_o représente la pression de la vapeur dans le
cylindre à la fin de l'admission, p_n celle qui existe en un point quel-

---

(1) Bulletin de la Société industrielle de Mulhouse, avril et mai 1867. Rapport présenté par M. G. Leloutre, dans la séance du 28 novembre 1866.

conque de la course, v_o et v_n les volumes engendrés par le piston depuis l'origine et correspondants à p_o et p_n.

Puis, des expériences continuées pendant 8 jours sur un moteur à balancier du système de Woolf, établi chez MM. Wehrlin, Hofer et Cie, à Mulhouse (1), me démontrèrent que la loi moyenne de la détente dans le petit cylindre pour $f = 0{,}42$, correspondait très-exactement à la formule :

$$\frac{p_n}{p_o} = \left(\frac{v_o}{v_n}\right)^{0.78}$$

tandis que la loi de Mariotte rendait compte des pressions successives dans le grand cylindre. Enfin, dans les essais entrepris chez M. Hirn en 1864, et publiés ainsi qu'il a été dit plus haut dans les bulletins d'avril et mai 1867 de la Société industrielle de Mulhouse, j'exprimai, page 220, l'idée suivante :

« *La loi des pressions, pendant la détente, doit non-seule-*
» *ment varier dans une certaine mesure d'une machine à une*
» *autre, mais encore dans la même machine, selon qu'elle*
» *reçoit plus ou moins de vapeur par coup de piston.* »

Des recherches anciennes sur le rendement des moteurs à vapeur m'avaient prouvé, par une autre voie, que la loi de Mariotte, admise *à priori* dans des ouvrages réputés classiques, n'est admissible qu'à la condition de multiplier le travail théorique de la vapeur, basé sur cette loi, par des coefficients très-variables avec la puissance des machines.

Il suffira d'en appeler aux tableaux de ces coefficients reproduits dans des ouvrages spéciaux. Des expériences répétées sur la machine de M. Hirn, et surtout celles que j'ai pu entreprendre sur une vaste échelle sur plusieurs moteurs de MM. N. Schlumberger et Cie, à

______

(1) Les expériences n'ont jamais été publiées, mais les résultats principaux ont été communiqués au Comité de mécanique de la Société industrielle de Mulhouse.

Guebwiller, pendant les années 1865, 1866, 1867 et 1868 me me firent voir que le rendement pratique des moteurs à vapeur s'élève invariablement aux 90/100 environ du travail théorique sur le piston, à la condition de tenir compte des lois de détente véritables constatées dans les cylindres.

Un fait curieux a éveillé mon attention. Le grand cylindre à enveloppe de vapeur d'une puissante machine de Woolf étant fendu, ainsi que cela arrive malheureusement assez souvent, il s'agissait de le démastiquer et de le remplacer par un cylindre neuf. J'eus l'idée de relever des courbes avec l'indicateur de Watt, d'abord sur le cylindre fendu et quelques jours après sur celui par lequel il a été remplacé.

Les rentrées probables de vapeur de l'enveloppe me faisaient supposer une loi de détente plus favorable dans le premier cas que dans le second. Non-seulement ce fut le contraire que j'eus l'occasion de constater, mais deux diagrammes, pris à quelques minutes d'intervalle, accusèrent des lois de détente fort différentes.

J'eus des doutes très-graves sur la valeur des données fournies par l'indicateur, et j'entrepris alors des vérifications très-délicates sur ces instruments dans le maniement desquels on ne saurait apporter trop de soin. Les appareils dont je me suis servi pour recueillir les nombreux documents formant la base de ces recherches sont au nombre de quatre, construits par MM. Hopkinson et Cie, à Huddersfield (Angleterre).

Deux d'entre eux ont servi dans les expériences sur la machine à vapeur surchauffée de M. Hirn sur celle de MM. Wehrlin, Hofer et Cie et sur plusieurs autres.

Leurs échelles ont été graduées de deux manières différentes, d'abord en appliquant les appareils sur une chaudière dans laquelle on a poussé lentement la pression de 1 à 5 atmosphères et en mesurant les tensions successives des ressorts (1), puis en chargeant ces ressorts directement de poids. Les résultats de ces deux opérations ont été parfaitement d'accord. Après avoir relevé plus de 4,000

(1) Bulletin de la Société industrielle de Mulhouse, avril et mai 1867, page 183.

courbes avec ces appareils, leurs échelles ont été graduées de nouveau et il a été impossible de constater une différence dans la tension des ressorts. Plus tard et après de nombreuses expériences, ces vérifications ont été reprises deux ou trois fois à des intervalles de plusieurs mois, et les résultats de ces opératious ne différaient entre eux que de quantités insignifiantes.

Pour éviter des erreurs dans les indications des appareils il convient de monter toujours les ressorts de la même manière. Les doubles décimètres en buis ou en ivoire sont généralement mal exécutés et il est difficile d'en trouver dont toutes les divisions coïncident entre elles, c'est pourquoi il est indispensable de se servir toujours de la même mesure comme étalon.

Mais on oppose à l'exactitude des appareils de Watt l'altérabilité des ressorts. Cette critique est-elle réellement bien fondée? On peut répondre à cette objection en dehors de ce qui vient d'être dit par deux exemples. Si l'élasticité de bons ressorts pouvait s'altérer ainsi qu'on le prétend quelquefois, quelle confiance mériteraient donc tous nos instruments chronométriques?

Il est vrai que leurs ressorts ne sont pas soumis à des efforts aussi violents que ceux qui agissent sur les pistons des appareils de Watt, mais il convient d'ajouter que l'influence du moindre défaut d'élasticité serait bien autrement sensible.

Mais prenons un exemple de ressorts qui se trouvent dans des conditions semblables à celles auxquelles sont soumis les indicateurs. Il existe encore aujourd'hui un grand nombre d'anciennes machines à vapeur à détente variable du système de J.-J. Meyer. En Alsace surtout on peut en trouver un grand nombre. Dans ces moteurs la détente est réglée par des soupapes coniques renvoyées brusquement dans leurs siéges par des ressorts en acier et même en laiton; ces ressorts sont comprimés violemment 40,000 jusqu'à 60,000 fois par jour, et il n'est pas rare d'en trouver qui fonctionnent depuis 10 à 15 ans, c'est-à-dire qu'ils ont été comprimés environ 150 millions de fois sans que leur élasticité en ait sensiblement souffert.

Qu'il existe des appareils de Watt dont les ressorts et même la construction laissent à désirer, cela est hors de doute, et dans le cours de mes longues recherches il a fallu en condamner un qui se trouvait dans ce cas (1); mais conclure de là au peu de valeur de cet utile instrument, c'est aller trop loin. Tout ingénieur qui veut se servir de ce précieux appareil doit le vérifier souvent et faire remplacer les ressorts au moindre soupçon qui peut lui naître sur leur élasticité.

Du reste, la concordance presque mathématique des quatre appareils de Hopkinson a conduit à des résultats remarquables. A ce sujet, il suffit de renvoyer aux recherches sur la perte de pression entre le petit et le grand cylindre de la machine de Woolf de MM. N. Schlumberger et Cie dont il est question dans le chapitre Ier de ce mémoire, mais surtout aux vérifications de quelques lois de thermodynamique ainsi qu'à la concordance des résultats fournis par les diagrammes et les essais au frein sur la machine de M. Hirn et celle de MM. Dollfus, Mieg et Cie.

§ II. BUT DES RECHERCHES, EXPOSÉ DE LA MÉTHODE SUIVIE ET DOCUMENTS RECUEILLIS.

Quelques faits nouveaux auxquels ont conduit les expériences sur la machine de M. Hirn et sur celle de MM. Wehrlin, Hofer et Cie, ont vivement excité l'attention de l'auteur de ces premières recherches, et les résultats paradoxaux relatifs à la variation des lois de la détente ont fait naître chez lui le désir d'entreprendre une série d'essais sur des machines de systèmes différents, dans le but de trouver la raison de la variation des lois que suivent les pressions pendant la détente. Ses fonctions d'ingénieur dans la maison N. Schlumberger et Cie, à Guebwiller, depuis la fin de l'année 1865 jusqu'au commencement

(1) Dans certains appareils les ressorts sont limés sans doute pour les mettre d'accord avec des échelles frappées d'avance au balancier. Il est inutile de développer les raisons qui doivent faire rejeter des instruments dont les indications reposent sur des organes *fabriqués* avec aussi peu de soin.

de l'année 1869, lui ont fourni l'occasion d'installer de puissants moteurs à balancier du système de Woolf avec les batteries de chaudières destinées à leur fournir la vapeur.

La généreuse libéralité avec laquelle MM. Schlumberger l'ont autorisé à suivre ses études favorites, lui ont permis de rassembler de nombreuses observations qui ont formé le point de départ de son travail actuel. Des travaux de sciences appliquées exigent toujours le concours de circonstances heureuses que de simples particuliers peuvent rarement réaliser. J'adresse mes plus vifs remercîments à MM. Schlumberger pour toutes les facilités qu'ils m'ont accordées dans mes longs et pénibles travaux.

Par des diagrammes relevés sur une quinzaine de moteurs de orces et de systèmes très-différents, un grand nombre d'autres documents ont pu être réunis. Mon attention qui, au début, s'était portée plus spécialement sur les lois de la détente, puis sur des faits relatifs à la condensation a été attirée également sur quelques lois de thermodynamique et sur une série de phénomènes qui jouent un grand rôle dans l'étude des moteurs et qui ne peuvent être négligés de prime abord, quand il s'agit de nombreuses données expérimentales.

L'auteur est entré dans ces longues recherches sans idées préconçues, se bornant à recueillir et à étudier consciencieusement pendant plus de huit ans un grand nombre de machines à vapeur. S'il n'a pu réunir tous les renseignements venant à l'appui de faits parfaitement établis d'ailleurs, c'est que le temps et les occasions lui ont manqué. Il se permettra de signaler en plusieurs endroits dans quelle voie il convient d'entrer et par quels moyens d'investigations beaucoup de questions sérieuses peuvent être traitées.

Il s'abstiendra d'étayer des théories qui n'auraient pas pour base des faits d'observation bien établis ; toutefois dans des recherches de ce genre, l'observateur le plus modeste est conduit malgré lui à comparer et à grouper les résultats afin de découvrir les lois qui les relient entre eux; les laisser à l'état brut, sous lequel ils n'offrent aucun intérêt pratique immédiat, c'est les rendre à peu près inutiles et par suite les condamner à l'avance.

Examiner et discuter des faits d'observation pour en tirer des principes généraux bien vérifiés, est-ce autre chose que la constatation d'un fait plus général, plus complexe qui résume à la fois toutes les observations dont il est déduit? C'est du reste la seule marche à suivre dans tout travail scientifique et surtout dans des recherches ayant pour unique point de départ l'observation. Peu importe les calculs plus ou moins longs, plus ou moins compliqués, les méthodes de calcul ne trompent jamais à la condition qu'elles ne servent qu'à interpréter et à analyser fidèlement des faits bien établis; elles offrent le moyen précieux de résumer clairement de longues suites de déductions qu'il serait impossible de fixer autrement que par la langue algébrique.

Cette digression m'a paru nécessaire afin de bien faire ressortir que je n'ai pas voulu quitter le terrain expérimental. J'ai cherché à tirer parti de mes nombreuses observations pour établir des principes généraux embrassant d'une manière satisfaisante l'ensemble des résultats vérifiés.

Ainsi qu'il a été dit plus haut, c'est la mise en train des nouveaux moteurs de la filature en rez-de-chaussée de MM. N. Schlumberger et Cie, à Guebwiller, qui m'a permis de recueillir le plus grand nombre d'observations.

Ce sont deux machines à vapeur à balancier, du système de Woolf, travaillant sur le même arbre par des manivelles calées à angle droit. La première de ces machines a été installée au printemps de l'année 1868, et sa mise en train a eu lieu le 10 juin de la même année; la seconde a été montée plus tard et elle a travaillé la première fois le 11 octobre suivant.

Le premier moteur n'a pas eu à développer, dès le début, toute sa puissance, et ce n'est que successivement qu'il a été chargé d'un nombre de métiers de plus en plus considérable ; il s'est passé ainsi quatre mois pendant lesquels la première machine a eu à fournir un travail croissant allant depuis 20 jusqu'à 160 chevaux. De jour en jour il a été relevé des diagrammes sous des pressions et des détentes très-variables.

Ces moteurs avaient d'autant plus d'intérêt pour l'auteur des essais entrepris en 1865, pendant une semaine, sur la machine de MM. Wehrlin, Hofer et Cie, de Mulhouse, qu'ils ont été construits sur les mêmes modèles que cette dernière. Ainsi qu'il a été dit plus haut, en note, le rapport sur cet essai n'a pas été publié en entier; il convient donc de donner ici une description succincte de ces machines.

Elles sont à balancier, à deux cylindres du système de Woolf, à détente variable dans le petit cylindre ; le degré de l'expansion est réglé par un manchon à cames ; c'est, en un mot, la détente J. J. Meyer.

Les deux cylindres sont entourés d'une enveloppe concentrique ménageant un espace annulaire dans lequel circule la vapeur avant son entrée dans le cylindre, et une soupape conique dirige la vapeur dans la boîte à tiroirs.

Ces tiroirs, d'une construction particulière, sont fondus d'une pièce et marchent solidairement ; ils sont commandés par une seule tige et un excentrique unique ; sous ce double tiroir se trouvent 5 orifices; le 1er et le 5e sont les ouvertures d'admission du petit cylindre ; le 2e et le 4e conduisent la vapeur du petit au grand cylindre, enfin le 3e orifice, plus grand que les quatre autres, est l'orifice d'échappement au condenseur.

Cette disposition de la distribution simplifie, peut-être, la construction ; toutefois, elle n'a pas d'influence sur les espaces nuisibles, et cette question est capitale, ainsi que nous le verrons plus loin.

La pompe à air est à double effet. Voici les dimensions et les éléments de ces machines :

T nombre de tours par minute. . . . . $= 25$

P_o pression dans les chaudières . . . . $= 5^{kgr}500$

d diamètre du petit cylindre . . . . $= 0^m 475$

c course du petit piston. . . . . $= 1^m 370$

D diamètre du grand cylindre . . . . $= 0^m 900$

C course du grand piston . . . . $= 1^m 800$

v_n volume engendré dans une course par le petit piston. . $= 0^{m3} 243$

V_n volume engendré dans une course par le grand piston . $= 1^{m3} 145$

Parmi des milliers de diagrammes pris sur ces machines de MM. N. Schlumberger et Cie, ceux qui étaient le mieux tracés, sous le rapport de la continuité, de la finesse des traits et de la netteté de la ligne, *dite ligne atmosphérique*, ont été réservés. On a toujours eu soin d'ouvrir les robinets des indicateurs au moment le plus favorable pour avoir des courbes exemptes de sinuosités trop fortes. Cette précaution était nécessaire et on peut ajouter qu'elle était capitale en raison de la grande sensibilité des appareils de Watt et du peu de frottement qu'offraient leurs pistons. Les diagrammes ont été repassés très-finement à l'encre, puis on a tracé une *courbe moyenne* coupant les ondulations des courbes minutes.

La base ou *ligne atmosphérique* a toujours été partagée en 20 parties égales et par les points de division on a mené 21 ordonnées désignées par y_1, y_2, y_3 . . . . y_{21}.

Deux et quelquefois trois observateurs ont mesuré et fixé contradictoirement les ordonnées au $1/10$ de millimètre près. Avec un peu d'exercice on arrive à mesurer à vue à $1/20$ de millimètre les ordonnées, surtout lorsque celles-ci ne coupent pas les courbes sous des angles trop petits. Les résultats ainsi constatés ont été admis *ne varietur* et ont servi de base aux calculs. Ajoutons encore que le même double décimètre a servi à la graduation des échelles des appareils.

» Les lois des pressions pendant la détente, dans la machine à vapeur surchauffée de M. Hirn et dans celle du système de Woolf de MM. Wehrlin, Hofer et Cie, que nous avons citées plus haut, sont exprimées pour la 1re, par les équations :

$$\frac{p_n}{p_0} = \left(\frac{v_0}{v_n}\right)^1 \quad \text{avec le degré de détente} \quad f = -0.2344$$

$$\frac{p_n}{p_0} = \left(\frac{v_0}{v_n}\right)^{0.90} \qquad » \qquad » \qquad f = 0.125$$

et pour la 2me par

$$\frac{p_n}{p_0} = \left(\frac{v_0}{v_n}\right)^{0.78} \quad \text{dans le petit cylindre avec} \quad f = 0.42.$$

Ces 3 lois différentes rentrent dans l'équation plus générale :

$$\frac{p_n}{p_0} = \left(\frac{v_0}{v_n}\right)^{\alpha} \qquad (1)$$

qui est celle de la détente d'un gaz auquel on n'ajoute ou on ne soustrait point de calorique pendant que v_0 passe à v_n. Dans ce cas α est une fonction de la capacité calorifique, du coefficient de dilatation, etc... (Voir théorie mécanique de la chaleur, 1re partie, par G.-A. Hirn, 2e édition, page 221.)

Il peut paraître singulier de comparer les phénomènes qui se passent dans les cylindres des machines à vapeur à ceux que présente un gaz parfait, lorsqu'on le fait détendre sans addition ni soustraction de chaleur. Pour le moment il est inutile d'entrer dans une discussion au sujet de la fonction qui relie α aux quantités dont cette valeur dépend, ou peut dépendre dans les machines à vapeur ;

(1) Voir les bulletins de la Société Industrielle de Mulhouse, avril et mai 1867, p. 221.

cette question sera traitée plus tard., toutefois dans nos moteurs industriels, munis d'enveloppes ou non, la formule

$$\frac{p_n}{p_o} = \left(\frac{v_o}{v_n} \right)^\alpha$$

conduit à un ensemble de vérifications toujours très-satisfaisantes et quelquefois mathématiquement exactes. Dans tous les cas α dépend des condensations dans le cylindre ou dans l'enveloppe et en général de l'influence des parois des cylindres et d'une foule d'autres causes très-complexes.

D'autres lois empiriques qui ont été appliquées pendant l'étude des données des premiers essais entrepris chez M. Hirn et chez MM. Wehrlin, Hofer et Cie, n'ont pu rendre compte avec une approximation suffisante de la série des pressions que suit la vapeur pendant la détente.

La loi générale $\frac{p_n}{p_o} = \left(\frac{v_o}{v_n} \right)^\alpha$ rend tout aussi bien compte des pressions successives pendant la détente dans les cylindres entourés d'une chemise de vapeur que dans ceux qui sont simplement protégés contre le refroidissement externe par des corps isolants.

Quand il existe une enveloppe de vapeur rationnelle, la vapeur qui circule dans celle-ci, évapore une certaine quantité d'eau entraînée ou *condensée dans le cylindre*. Lorsque cette enveloppe fait défaut, c'est par un supplément de condensations pendant l'admission que les parois du cylindre emmagasinent la chaleur nécessaire pour produire pendant la détente cette évaporation ; mais ces deux manières différentes de fournir de la chaleur peuvent renverser complètement les conditions économiques de la marche du moteur.

Dans le chapitre suivant se trouve exposée la marche à suivre pour déterminer l'exposant variable de l'équation :

$$\frac{p_n}{p_o} = \left(\frac{v_o}{v_n} \right)^\alpha.$$

CHAPITRE I⁰ʳ.

§I. LOIS DES PRESSIONS PENDANT LA DÉTENTE.

Dans le rapport sur les essais de la machine à vapeur surchauffée de M. Hirn , et dans les communications à la Société industrielle de Mulhouse sur ceux de la machine de MM. Wehrlin , Hofer et Cie, l'auteur de ces essais a constaté quatre lois de détente différentes. (Voir plus haut , page 167.)

Deux cas peuvent se présenter au sujet de ces lois :

1° Il s'agit de déterminer α dans le cas d'une machine à un seul cylindre ;

2° Il s'agit de la même détermination dans le grand cylindre d'une machine de Woolf.

Enfin on peut se proposer de trouver α en faisant intervenir les espaces nuisibles ou en les négligeant.

J'indique aussi plus loin la marche à suivre pour déterminer successivement les lois de la détente dans le petit et le grand cylindre d'une machine de Woolf en passant de la loi de détente , abstraction faite des espaces nuisibles , à celle dans laquelle on veut tenir compte de ces espaces.

PETIT CYLINDRE.

La ligne atmosphérique ou l'axe des x d'un diagramme étant partagé en 20 parties égales , on élèvera les 21 ordonnées y_1 , $y_2 \ldots \ldots y_{21}$.

On prendra deux *ordonnées de comparaison* de rang quelconque y_m et y_n , choisies à peu près à égale distance du commencement et de la fin de la détente , soient p_m et p_n les pressions *absolues* correspondantes, exprimées en kilogr. par centimètre carré.

Si ces pressions satisfont à une loi de la forme

$$\frac{p_n}{p_m} = \left(\frac{v_m}{v_n} \right)^{\alpha}$$

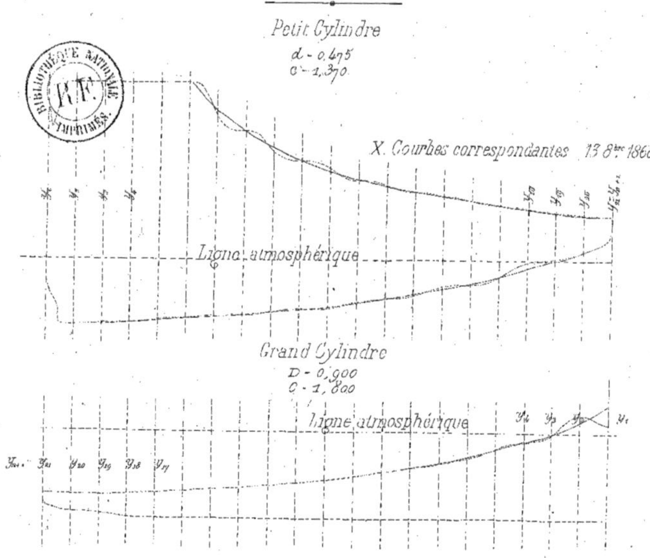

1ère MACHINE A VAPEUR
de la Filature en Rez-de-Chaussée de MM.
N. SCHLUMBERGER & Cie à Guebwiller.
Petit Cylindre
d - 0,475
c - 1,370
X. Courbes correspondantes 13 8bre 1868.
Ligne atmosphérique
Grand Cylindre
D - 0,900
C - 1,800
Ligne atmosphérique

nous aurons, en négligeant les espaces nuisibles et en désignant par d le diamètre du cylindre

$$\frac{p_{\mathrm{n}}}{p_{\mathrm{m}}} = \left(\frac{\frac{\pi\, d^3}{4}\,(m - 1)}{\frac{\pi\, d^2}{4}\,(n - 1)} \right)^{\alpha} = \left(\frac{m - 1}{n - 1} \right)^{\alpha}$$

de cette égalité on tire :

$$\alpha = \frac{log.\ p_{\mathrm{m}} - log.\ p_{\mathrm{n}}}{log.\ (n - 1) - log.\ (m - 1)}$$

Si $\alpha = 1$ nous rentrons dans la loi de Mariotte.

Pour vérifier la concordance des ordonnées théoriques, déduites de la formule

$$\frac{p_{\mathrm{n}}}{p_{\mathrm{m}}} = \frac{(m - 1)^{\alpha}}{(n - 1)^{\alpha}}$$

dans laquelle α est la valeur trouvée au moyen des deux *ordonnées de comparaison* y_{m} et y_{n}, il suffira de chercher successivement les ordonnées depuis le commencement de la détente jusqu'à la fin et de les comparer à celles qui sont données par mesures directes prises sur les diagrammes.

En appelant p_{x} l'une quelconque de ces pressions absolues, on aura

$$p_{\mathrm{x}} = p_{\mathrm{m}}\, \frac{(m - 1)^{\alpha}}{(n - 1)^{\alpha}}$$

égalité dans laquelle $p_{\mathrm{m}}\,(m - 1)^{\alpha}$ est une constante spéciale à chaque diagramme et que nous désignerons par C, et il viendra :

$$p_{\mathrm{x}} = \frac{C}{(n - 1)^{\alpha}}$$

Supposons que la détente commence entre la 5e et la 6e ordonnée, il suffira de poser $n = 5, 6, 7\ldots\ldots 24$ pour avoir les valeurs successives des pressions.

Dans la plupart des cas la courbe de détente ne se détache pas franchement de la ligne droite ou légèrement courbe qui correspond à l'admission à pleine pression ; on éprouve alors une grande difficulté pour estimer exactement le degré de l'expansion f_c. On le calculera facilement à l'aide de la relation.

$$\frac{p_n}{p_m} = \frac{(m-1)^\alpha}{(n-1)^\alpha}$$

En effet soit p_o la pression initiale vers la fin de l'admission et déduite du diagramme, n_o le rang de l'ordonnée qui correspond à l'intersection de la courbe de détente, avec l'horizontale passant par l'extrémité de p_o, il viendra :

$$\frac{p_o}{p_m} = \frac{(m-1)^\alpha}{(n_o-1)^\alpha}$$

égalité de laquelle on tire facilement :

$$log. (n_o - 1) = log. (m - 1) - \frac{log.\, p_o - log.\, p_m}{\alpha}$$

Connaissant $(n_o - 1)$ on aura pour la valeur de f_c :

$$f_c = \frac{n_o - 1}{20}$$

GRAND CYLINDRE.

Pour déterminer α' correspondant à la loi de détente dans le grand cylindre d'une machine de Woolf, on aura à résoudre une équation un peu plus compliquée. Nous négligerons pour le moment les espaces nuisibles.

Supposons que les deux pistons soient arrivés aux ordonnées de rang y'_m et y'_n de leurs courses ; le volume occupé par la vapeur entre les deux pistons de diamètres d et D et de courses c et C est donné par

$$\frac{20 - (m - 1)}{20} \; \frac{\pi \, d^2 \, c}{4} + \frac{m - 1}{20} \; \frac{\pi \, D^2 \, C}{4}$$

Lorsque les pistons seront arrivés aux ordonnées de rang n, ce volume sera

$$\frac{20 - (n - 1)}{20} \; \frac{\pi \, d^2 \, c}{4} + \frac{n - 1}{20} \; \frac{\pi \, D^2 \, C}{4}$$

et si la loi générale :

$$\frac{p_n'}{p_m'} = \left(\frac{v_m}{v_n} \right)^{\alpha'}$$

doit se vérifier, il faut que :

$$\frac{p_n'}{p_m'} = \frac{\left(\dfrac{20 - (m-1)}{20} \dfrac{\pi \, d^2 c}{4} + \dfrac{m-1}{20} \dfrac{\pi \, D^2 \, C}{4} \right)^{\alpha'}}{\left(\dfrac{20 - (n-1)}{20} \dfrac{\pi \, d^2 c}{4} + \dfrac{n-1}{20} \dfrac{\pi \, D^2 \, C}{4} \right)^{\alpha'}} = \frac{\left(1 + \dfrac{m-1}{20} \left(\dfrac{D^2 \, C}{d^2 \, c} - 1 \right) \right)^{\alpha'}}{\left(1 + \dfrac{n-1}{20} \left(\dfrac{D^2 \, C}{d^2 \, c} - 1 \right) \right)^{\alpha'}}$$

et cette équation conduit à :

$$\alpha' = \frac{\log. \; p_m' - \log. \; p_n'}{\log. \left(1 + \dfrac{m-1}{20} \left(\dfrac{D^2 \, C}{d^2 \, c} - 1 \right) \right) - \log. \left(1 + \dfrac{n-1}{20} \left(\dfrac{D^2 \, C}{d^2 \, c} - 1 \right) \right)}$$

et pour l'analyse du diagramme, on posera pour la valeur de l'une quelconque des ordonnées

$$p_n' = \frac{p_m' \left(1 + \dfrac{m-1}{20} \left(\dfrac{D^2 \, C}{d^2 \, c} - 1 \right) \right)^{\alpha'}}{\left(1 + \dfrac{n-1}{20} \left(\dfrac{D^2 \, C}{d^2 \, c} - 1 \right) \right)^{\alpha'}}$$

En mettant à la place du numérateur qui reste constant dans toute l'étendue d'un même diagramme C', on écrira plus simplement

$$p_n' = \frac{p_m' \, C'}{\left(1 + \frac{n-1}{20}\left(\frac{D^2\,C}{d^2\,c} - 1\right)\right)^{\alpha'}}$$

La comparaison des valeurs successives de p_n' avec les pressions telles qu'elles résultent du diagramme donnent une idée de la concordance entre ces deux espèces de résultats.

Le lecteur suivra peut-être avec quelque intérêt l'application de ces formules à une courbe choisie parmi celles qui ont été relevées sur le petit-cylindre de la 1re des machines du système de Woolf montée en 1868 chez MM. Schlumberger et Cie, à Guebwiller.

Le diagramme choisi est un de ceux qui ont été pris le 27 juin 1868. (Tableau II, voir plus loin page 182).

Les ordonnées prises comme point de départ sont y_7 et y_{19}.

Si l'on désigne par u l'unité de l'échelle de l'appareil de Watt qui a servi à tracer la courbe, c'est-à-dire si u représente le nombre de millimètres de compression du ressort correspondant à 1 $k^{gr.}$ de pression par ctm^2 de la surface du piston de l'indicateur, on aura pour les pressions absolues en $k^{gr.}$ par ctm^2 représentées par les ordonnées comptées à partir de la ligne atmosphérique :

$$p_n = \frac{y_n}{u} + 1.033$$

dans le cas où l'ordonnée est positive, et

$$p_n = -\frac{y_n}{u} + 1.033$$

quand elle est négative.

C'est ainsi que les valeurs des ordonnées de comparaison ont fourni :

$$p_7 = 1.624$$
$$p_{19} = 0.978$$

elles conduisent à la valeur de α :

$$\alpha = \frac{log.\ p_m - log.\ p_n}{log.\ (n\text{-}1) - log.\ (m\text{-}1)} = \frac{log.\ 1.624 - log.\ 0.978}{log.\ (7\text{-}1) - log.\ (19\text{-}1)} = \frac{0.22025}{0.47712} = 0.461$$

Dans tout le cours de ce travail, la deuxième décimale a été arrondie. Il a fallu se résoudre, bien à regret, à réduire ainsi le nombre de décimales, car dans ces longues recherches, il s'agissait de résoudre l'équation en α plusieurs milliers de fois.

Connaissant α on trouvera les valeurs successives p_n par l'équation :

$$p_n = \frac{C}{(n-1)^{\alpha}} = \frac{1.624\ (7-1)^{0.46}}{(n-1)^{0.46}}$$

en posant : $(n-1) = 5, 6, 7 \ldots \ldots 21$.

C'est de cette manière qu'ont été calculés les résultats des tableaux suivants.

Les mêmes développements s'appliquent aux courbes prises sur le grand cylindre d'une machine de Woolf.

Il convient ici de faire une observation très-importante. Les diagrammes, relevées sur la 1re machine du système de Woolf de MM. N. Schlumberger et Cie, du 12 juin au 6 octobre 1868, ont toutes été prises au haut des cylindres ; mais entre ces deux séries de courbes, il n'existe aucune relation ; en effet une courbe prise sur le haut du petit cylindre d'une machine de Woolf répond à un volume de vapeur qui travaille ensuite sous le grand piston, et malgré tous les soins apportés à la réglementation de la distribution, ou ne peut être sûr, qu'après vérification par les courbes elles-mêmes, des conditions de détente, d'échappement et de compression d'un égal travail des deux côtés des pistons.

Il a fallu étudier les phénomènes qui se présentent pendant que la vapeur s'écoule de l'un des cylindres dans l'autre ; à ce sujet il a été impossible de se procurer des renseignements dans des travaux publiés jusqu'à ce jour. Comment se comporte la vapeur lorsqu'elle se précipite dans les espaces nuisibles entre les deux pistons ? En outre, sous quelle différence de pression l'écoulement a-t-il lieu en un point quelconque des courses ? Quels sont les phénomènes qui se présentent pendant l'échappement et l'écoulement graduel ? Telles sont les questions intéressantes qu'il s'agissait de résoudre.

Des ajutages ont été installés sur les canaux d'écoulement, à quelques centimètres de leur entrée dans le grand cylindre, et les 13 et 14 octobre 1868 un certain nombre de *diagrammes corres- pondants* ont été relevés au-dessus du petit piston et au-dessous du grand. Pour ces opérations il faut absolument deux observateurs, qui doivent d'abord bien s'entendre par signaux convenus, sur le moment précis, où chacun doit prendre ses courbes, afin d'être sûr d'avoir *les diagrammes correspondants au travail d'un même volume de vapeur.*

Il a été dit à plusieurs reprises que les espaces nuisibles ont été généralement négligés. Pourtant dans certaines recherches plus déli- cates il en a été tenu compte, dans le but de partir de termes de comparaison plus rationnels et d'obtenir des résultats plus exacts et à l'abri de critiques.

A moins de disposer pendant quelques jours d'une machine ou de dessins de construction exacts, il est impossible de déterminer le volume des lumières d'admission et d'échappement, des espaces de sûreté au-dessus et au-dessous des pistons et par suite la totalité des espaces perdus.

Pendant le montage des machines de MM. N. Schlumberger et Cie, toutes les dimensions nécessaires ont été prises pour arriver à une valeur exacte de l'ensemble des espaces nuisibles depuis la boîte à tiroirs jusqu'au petit piston, ainsi que de ceux qui existent entre les deux pistons. Il a été tenu compte des volumes ainsi déterminés et, par des calculs plus compliqués que ceux qui viennent d'être exposés plus haut, on a pu constater que la loi générale

$$\frac{p_n}{p_m} = \left(\frac{v_m}{v_n} \right)^\alpha$$

se vérifie encore et très-souvent beaucoup mieux que par les calculs plus expéditifs dans lesquels on n'a pas tenu compte de ces volumes. Seulement, ce qui était facile à prévoir, α et α' prennent des valeurs différentes α_1, et α_1'. Au point de vue de la construction et du travail d'une machine, l'ingénieur ne peut pas *a priori* se préoccuper beaucoup des espaces nuisibles, car, dans l'étude d'un avant-projet, il ignore à peu près leur valeur. Il doit tendre à les réduire au minimum, tout en conservant aux lumières la section voulue pour ne pas éprouver de trop grandes pertes de pression pendant l'admission de la vapeur. Il convient même d'ajouter que *la perte de combustible*, et nous insistons tout particulièrement sur ces mots, qui peut résulter de cette chute de pression à l'entrée du cylindre, n'est nullement proportionnelle à la diminution de travail qui en résulte ; elle est beaucoup moindre par suite de la *surchauffe spontanée* que subit la vapeur, quand elle tombe d'une pression P_0 à une autre plus petite p_0 *sans rendre de travail externe*. Le travail disponible diminue, il est vrai, mais comme la densité de la vapeur admise dans le cylindre est à peu près proportionnellement moindre, la dépense de combustible proportionnelle reste à peu près la même ; car, ne l'oublions pas, pendant la chute de P_0 à p_0, *dans le cas où il n'y a pas de travail externe rendu*, il ne disparaît pas de chaleur (voir à ce sujet le mémoire sur la machine à vapeur surchauffée de M. Hirn. Bulletin de la Société Industrielle de Mulhouse, avril et mai 1867).

Nous n'avons de renseignements sur la valeur des espaces nuisibles que pour les machines de MM. Hirn, MM. N. Schlumberger et Cie, sur celle du retordage de MM. Dollfus, Mieg et Cie, et sur quelques machines horizontales.

Avant d'aller plus loin, il convient d'indiquer la marche à suivre pour passer de α et α' à α_1 et α_1' sans recommencer de longs calculs.

PETIT CYLINDRE D'UNE MACHINE DE WOOLF.

Si l'ensemble des espaces nuisibles d'un cylindre est représenté par V_p, on trouvera l'exposant α, qui tient compte de V_p par la relation.

$$\frac{p_n}{p_m} \cdot \frac{\left(V_p + \dfrac{\pi d^2 c}{4}\left(\dfrac{m-1}{20}\right)\right)^{\alpha_1}}{\left(V_p + \dfrac{\pi d^2 c}{4}\left(\dfrac{n-1}{20}\right)\right)^{\alpha_1}} = \left(\frac{80\,V_p + \pi\,d^2\,c\,(m-1)}{80\,V_p + \pi\,d^2\,c\,(n-1)}\right)^{\alpha_1}$$

mais, en négligeant les espaces perdus, nous avons trouvé :

$$\frac{p_n}{p_m} = \left(\frac{m-1}{n-1}\right)^{\alpha}$$

d'où il résulte :

$$\left(\frac{m-1}{n-1}\right)^{\alpha} = \left(\frac{80\,V_p + \pi\,d^2\,c\,(m-1)}{80\,V_p + \pi\,d^2\,c\,(n-1)}\right)^{\alpha_1}$$

Cette dernière équation donne :

$$\alpha_1 = \alpha\,\frac{\log.\,(m-1) - \log.\,(n-1)}{\log.\,(80\,V_p + \pi\,d^2\,c\,(m-1)) - \log.\,(80\,V_p + \pi\,d^2\,c\,(n-1))}$$

Des calculs analogues conduisent à l'équation qui exprime α'_1, en fonction de α'.

TABLEAU I.

MACHINE VERTICALE DU SYSTÈME DE WOOLF

DE MM. N. SCHLUMBERGER ET Cie A GUEBWILLER.

12 juin 1868 : $p_o = 1.033$, fc 0.1591, $\alpha = 0.37$. — 25 juin : $p_* = 2.797$, $fc = 0.1226$, $\alpha = 0.48$.

Petit Cylindre.

y	Pression en kil. par Cent.² d'après les ordonnées	d'après la loi $\frac{p_n}{p_o}=\left(\frac{v_o}{v_n}\right)^{\alpha}$	DIFFÉRENCES Δ +	−	y	Pression en kil. par Cent.² d'après les ordonnées	d'après la loi $\frac{p_n}{p_o}=\left(\frac{v_o}{v_n}\right)^{\alpha}$	DIFFÉRENCES Δ +	−
y_4	»	»	»	»	y_4	»	»	»	»
y_5	»	»	»	»	y_5	»	»	»	»
y_6	0.884	0.869	0.045	»	y_6	1.994	1.987	0.007	»
y_7	0.843	0.843	»	»	y_7	1.000	1.000	»	»
y_8	0.766	0.768	»	0.002	y_8	1.687	1.690	»	0.003
y_9	0.724	0.714	0.010	»	y_9	1.584	1.585	»	0.004
y_{10}	0.693	0.700	»	0.007	y_{10}	1.490	1.498	»	0.008
y_{11}	0.669	0.673	»	0.004	y_{11}	1.426	1.424	0.002	»
y_{12}	0.646	0.650	»	0.004	y_{12}	1.363	1.366	»	0.003
y_{13}	0.622	0.629	»	0.007	y_{13}	1.301	1.305	»	0.004
y_{14}	0.604	0.611	»	0.007	y_{14}	1.250	1.256	»	0.006
y_{15}	0.583	0.594	»	0.011	y_{15}	1.206	1.212	»	0.006
y_{16}	0.570	0.579	»	0.009	y_{16}	1.167	1.172	»	0.005
y_{17}	0.557	0.566	»	0.009	y_{17}	1.131	1.137	»	0.006
y_{18}	0.551	0.553	»	0.002	y_{18}	1.104	1.104	»	»
y_{19}	0.541	0.541	»	»	y_{19}	1.074	1.074	»	0.003
y_{20}	0.536	0.537	»	0.004	y_{20}	1.053	1.047	0.006	»
y_{21}	0.521	0.533	0.012	»	y_{21}	1.033	1.024	0.008	»

Grand Cylindre.

$\alpha' = 0.57$. — $\alpha' = 0.62$.

y	d'après les ordonnées	d'après la loi	+	−	y	d'après les ordonnées	d'après la loi	+	−
y_1	»	»	»	»	y_1	»	»	»	»
y_2	0.365	0.364	0.004	»	y_2	»	»	»	»
y_3	0.334	0.332	0.002	»	y_3	»	»	»	»
y_4	0.340	0.309	0.004	»	y_4	0.551	0.553	»	0.002
y_5	0.290	0.290	»	»	y_5	0.546	0.546	»	»
y_6	0.274	0.274	»	»	y_6	0.488	0.485	»	0.003
y_7	0.258	0.260	»	0.002	y_7	0.464	0.458	0.006	»
y_8	0.240	0.248	»	0.008	y_8	0.444	0.435	0.006	»
y_9	0.230	0.237	»	0.007	y_9	0.420	0.444	0.006	»
y_{10}	0.224	0.225	»	0.004	y_{10}	0.397	0.396	0.004	»
y_{11}	0.214	0.219	»	0.005	y_{11}	0.379	0.380	»	0.004
y_{12}	0.206	0.211	»	0.005	y_{12}	0.363	0.365	»	0.002
y_{13}	0.201	0.204	»	0.003	y_{13}	0.352	0.352	»	»
y_{14}	0.196	0.198	»	0.002	y_{14}	0.339	0.340	»	0.004
y_{15}	0.190	0.192	»	0.002	y_{15}	0.329	0.329	»	»
y_{16}	0.185	0.186	»	0.004	y_{16}	0.319	0.319	»	»
y_{17}	0.482	0.484	0.004	»	y_{17}	0.308	0.309	»	0.004
y_{18}	0.477	0.476	0.001	»	y_{18}	0.300	0.300	»	»
y_{19}	0.472	0.472	»	»	y_{19}	0.292	0.293	»	0.004
y_{20}	0.469	0.468	0.001	»	y_{20}	0.282	0.285	»	0.003
y_{21}	0.467	0.465	0.002	»	y_{21}	0.274	0.278	»	0.004

Tableau II.

MACHINE VERTICALE DU SYSTÈME DE WOOLF

DE MM. N. SCHLUMBERGER ET Cie, A GUEBWILLER.

27 juin : $p_0 = 2.679$, $fc = 0.1011$, $\alpha = 0.46$.

Petit Cylindre.

y	Pression en kil. par Cent.² d'après les ordonnées	Pression en kil. par Cent.² d'après la loi $\frac{p_n}{p_0}=\left(\frac{v_0}{v_n}\right)^\alpha$	DIFFÉRENCES Δ +	DIFFÉRENCES Δ −
y_4	»	»	»	»
y_5	»	»	»	»
y_6	1.750	1.766	»	0.016
y_7	1.624	1.624	»	»
y_8	1.543	1.543	»	»
y_9	1.427	1.423	0.004	»
y_{10}	1.348	1.348	»	»
y_{11}	1.289	1.284	0.005	»
y_{12}	1.230	1.229	0.004	»
y_{13}	1.183	1.184	0.002	»
y_{14}	1.035	1.038	»	0.003
y_{15}	1.096	1.100	»	0.004
y_{16}	1.065	1.068	»	0.003
y_{17}	1.033	1.034	»	0.004
y_{18}	1.009	1.006	0.003	»
y_{19}	0.978	0.980	»	0.002
y_{20}	0.954	0.956	»	0.002
y_{21}	0.934	0.934	»	»

Grand Cylindre.

$\alpha = 0.59$.

y	d'après les ordonnées	d'après la loi $\frac{p_n}{p_0}=\left(\frac{v_0}{v_n}\right)^\alpha$	Δ +	Δ −
y_1	»	»	»	»
y_2	»	»	»	»
y_3	»	»	»	»
y_4	»	»	»	»
y_5	»	»	»	»
y_6	0.523	0.517	0.006	»
y_7	0.490	0.490	»	»
y_8	0.465	0.466	»	0.001
y_9	0.441	0.445	»	0.004
y_{10}	0.424	0.427	»	0.003
y_{11}	0.407	0.410	»	0.003
y_{12}	0.394	0.395	»	0.001
y_{13}	0.384	0.382	0.002	»
y_{14}	0.371	0.370	0.001	»
y_{15}	0.359	0.358	0.001	»
y_{16}	0.350	0.347	0.003	»
y_{17}	0.342	0.338	0.004	»
y_{18}	0.334	0.329	0.005	»
y_{19}	0.329	0.324	0.008	»
y_{20}	0.324	0.313	0.011	»
y_{21}	0.316	0.305	0.011	»

29 juin : $p_0 = 2.860$, $fc = 0.1334$, $\alpha = 0.59$.

Petit Cylindre.

y	Pression en kil. par Cent.² d'après les ordonnées	Pression en kil. par Cent.² d'après la loi $\frac{p_n}{p_0}=\left(\frac{v_0}{v_n}\right)^\alpha$	DIFFÉRENCES Δ +	DIFFÉRENCES Δ −
y_4	»	»	»	»
y_5	»	»	»	»
y_6	2.116	2.089	0.027	»
y_7	1.907	1.907	»	»
y_8	1.757	1.766	»	0.009
y_9	1.643	1.652	»	0.009
y_{10}	1.545	1.557	»	0.012
y_{11}	1.466	1.477	»	0.011
y_{12}	1.403	1.409	»	0.006
y_{13}	1.340	1.348	»	0.008
y_{14}	1.285	1.296	»	0.011
y_{15}	1.246	1.249	»	0.003
y_{16}	1.206	1.206	»	»
y_{17}	1.167	1.168	»	0.001
y_{18}	1.135	1.133	0.002	»
y_{19}	1.104	1.104	0.003	»
y_{20}	1.080	1.073	0.007	»
y_{21}	1.057	1.044	0.013	»

Grand Cylindre.

$\alpha' = 0.55$.

y	d'après les ordonnées	d'après la loi $\frac{p_n}{p_0}=\left(\frac{v_0}{v_n}\right)^\alpha$	Δ +	Δ −
y_1	»	»	»	»
y_2	»	»	»	»
y_3	»	»	»	»
y_4	»	»	»	»
y_5	»	»	»	»
y_6	0.490	0.491	»	0.004
y_7	0.473	0.467	0.006	»
y_8	0.449	0.446	0.003	»
y_9	0.426	0.427	»	0.001
y_{10}	0.440	0.440	»	»
y_{11}	0.394	0.395	»	0.001
y_{12}	0.379	0.382	»	0.003
y_{13}	0.368	0.370	»	0.002
y_{14}	0.358	0.358	»	»
y_{15}	0.347	0.348	»	0.001
y_{16}	0.339	0.339	»	»
y_{17}	0.330	0.330	»	»
y_{18}	0.321	0.322	»	0.004
y_{19}	0.316	0.314	0.002	»
y_{20}	0.305	0.307	»	0.002
y_{21}	0.300	0.300	»	»

TABLEAU III.

MACHINE VERTICALE DU SYSTÈME DE WOOLF

DE MM. N. SCHLUMBERGER ET Cⁱᵉ, A GUEBWILLER.

7 juillet : $p_0 = 3.844$, $fc = 0.1482$, $\alpha = 0.50$, — 25 juillet : $p_0 = 5.521$, $fc = 0.1623$, $\alpha = 0.58$.

Petit Cylindre.

y	Pression en kil. par Cent.² d'après les ordonnées	d'après la loi $\frac{p_n}{p_0}=\left(\frac{v_0}{v_n}\right)^{\alpha}$	DIFFÉRENCES Δ +	−	y	Pression en kil. par Cent.² d'après les ordonnées	d'après la loi $\frac{p_n}{p_0}=\left(\frac{v_0}{v_n}\right)^{\alpha}$	DIFFÉRENCES Δ +	−
y_4	»	»	»	»	y_4	»	»	»	»
y_5	»	»	»	»	y_5	»	»	»	»
y_6	»	»	»	»	y_6	4.316	4.299	0.017	»
y_7	2.742	2.702	0.040	»	y_7	3.868	3.868	»	»
y_8	2.521	2.501	0.020	»	y_8	3.545	3.537	»	0.008
y_9	2.340	2.340	»	»	y_9	3.277	3.274	»	0.003
y_{10}	2.190	2.205	»	0.015	y_{10}	3.049	3.057	»	0.008
y_{11}	2.072	2.092	»	0.020	y_{11}	2.864	2.876	»	0.012
y_{12}	1.970	1.995	»	0.025	y_{12}	2.702	2.721	»	0.019
y_{13}	1.883	1.910	»	0.027	y_{13}	2.564	2.588	»	0.017
y_{14}	1.797	1.835	»	0.038	y_{14}	2.442	2.470	»	0.028
y_{15}	1.742	1.768	»	0.026	y_{15}	2.340	2.366	»	0.026
y_{16}	1.687	1.709	»	0.022	y_{16}	2.253	2.273	»	0.020
y_{17}	1.639	1.654	»	0.015	y_{17}	2.175	2.190	»	0.015
y_{18}	1.600	1.605	»	0.005	y_{18}	2.096	2.114	»	0.018
y_{19}	1.564	1.560	0.004	»	y_{19}	2.033	2.046	»	0.013
y_{20}	1.529	1.518	0.011	»	y_{20}	1.986	1.982	0.004	»
y_{21}	1.505	1.480	0.025	»	y_{21}	1.946	1.924	0.022	»

Grand Cylindre.

$\alpha' = 0.50$. — $\alpha' = 0.64$.

y	d'après les ordonnées	d'après la loi	+	−	y	d'après les ordonnées	d'après la loi	+	−
y_1	»	»	»	»	y_1	»	»	»	»
y_2	»	»	»	»	y_2	»	»	»	»
y_3	0.865	0.853	0.012	»	y_3	»	»	»	»
y_4	0.824	0.800	0.024	»	y_4	1.000	0.992	0.008	»
y_5	0.774	0.756	0.005	»	y_5	0.923	0.923	»	»
y_6	0.749	0.749	»	»	y_6	0.865	0.865	»	»
y_7	0.685	0.686	»	0.004	y_7	0.846	0.846	»	»
y_8	0.653	0.658	»	0.005	y_8	0.774	0.773	»	0.002
y_9	0.625	0.633	»	0.008	y_9	0.732	0.735	»	0.003
y_{10}	0.606	0.611	»	0.005	y_{10}	0.698	0.702	»	0.004
y_{11}	0.583	0.591	»	0.008	y_{11}	0.672	0.673	»	0.004
y_{12}	0.567	0.572	»	0.005	y_{12}	0.640	0.646	»	0.006
y_{13}	0.554	0.555	»	0.004	y_{13}	0.620	0.626	»	0.006
y_{14}	0.544	0.540	0.004	»	y_{14}	0.596	0.600	»	0.004
y_{15}	0.528	0.526	0.002	»	y_{15}	0.575	0.580	»	0.005
y_{16}	0.515	0.513	0.002	»	y_{16}	0.557	0.562	»	0.005
y_{17}	0.502	0.504	0.004	»	y_{17}	0.544	0.545	»	0.001
y_{18}	0.488	0.490	»	0.002	y_{18}	0.530	0.529	0.004	»
y_{19}	0.478	0.479	»	0.004	y_{19}	0.516	0.516	»	»
y_{20}	0.470	0.469	0.004	»	y_{20}	0.504	0.501	0.003	»
y_{21}	0.462	0.462	»	»	y_{21}	0.496	0.488	0.008	»

Tableau IV.

MACHINE VERTICALE DU SYSTEME DE WOOLF

de MM. N. Schlumberger et Cie, a Guebwiller.

28 juillet : $p_0 = 5.104$, $fc = 0.2044$, $\alpha = 0.58$. — 4 août : $p_0 = 5.658$, $fc = 0.2159$, $\alpha = 0.61$.

Petit Cylindre.

y	Pression en kil. par Cent.² d'après les ordonnées	d'après la loi $\frac{p_n}{p_0}=\left(\frac{v_0}{v_n}\right)\alpha$	DIFFÉRENCES Δ +	−	y	Pression en kil. par Cent.² d'après les ordonnées	d'après la loi $\frac{p_n}{p_0}=\left(\frac{v_0}{v_n}\right)\alpha$	DIFFÉRENCES Δ +	−
y_4	»	»	»	»	y_4	»	»	»	»
y_5	»	»	»	»	y_5	»	»	»	»
y_6	»	»	»	»	y_6	»	»	»	»
y_7	4.104	4.086	0.018	»	y_7	»	»	»	»
y_8	3.750	3.735	0.015	»	y_8	4.197	4.214	»	0.017
y_9	3.458	3.458	»	»	y_9	3.884	3.884	»	»
y_{10}	3.222	3.229	»	0.007	y_{10}	3.627	3.615	0.012	»
y_{11}	3.047	3.027	»	0.010	y_{11}	3.416	3.390	0.026	»
y_{12}	2.860	2.875	»	0.015	y_{12}	3.228	3.198	0.030	»
y_{13}	2.726	2.733	»	0.007	y_{13}	3.049	3.033	0.016	»
y_{14}	2.592	2.609	»	0.017	y_{14}	2.908	2.889	0.019	»
y_{15}	2.474	2.500	»	0.026	y_{15}	2.775	2.760	0.015	»
y_{16}	2.379	2.404	»	0.022	y_{16}	2.674	2.647	0.027	»
y_{17}	2.285	2.343	»	0.028	y_{17}	2.544	2.545	»	0.004
y_{18}	2.222	2.233	»	0.011	y_{18}	2.455	2.452	0.003	»
y_{19}	2.151	2.460	»	0.009	y_{19}	2.364	2.366	»	0.005
y_{20}	2.088	2.093	»	0.005	y_{20}	2.322	2.292	0.030	»
y_{21}	2.044	2.031	0.010	»	y_{21}	2.283	2.224	0.062	»

Grand Cylindre.

$\alpha' = 0.64$. — $\alpha' = 0.63$.

y	d'après les ordonnées	d'après la loi	+	−	y	d'après les ordonnées	d'après la loi	+	−
y_1	»	»	»	»	y_1	»	»	»	»
y_2	»	»	»	»	y_2	»	»	»	»
y_3	»	»	»	»	y_3	»	»	»	»
y_4	»	»	»	»	y_4	1.022	1.017	0.004	»
y_5	0.884	0.873	0.011	»	y_5	0.951	0.945	0.006	»
y_6	0.848	0.848	»	»	y_6	0.889	0.889	»	»
y_7	0.774	0.774	»	»	y_7	0.844	0.839	0.005	»
y_8	0.729	0.731	»	0.002	y_8	0.799	0.795	0.004	»
y_9	0.695	0.696	»	0.001	y_9	0.759	0.757	0.002	»
y_{10}	0.664	0.664	»	0.003	y_{10}	0.727	0.723	0.004	»
y_{11}	0.632	0.636	»	0.004	y_{11}	0.698	0.694	0.004	»
y_{12}	0.609	0.640	»	0.001	y_{12}	0.669	0.667	0.002	»
y_{13}	0.583	0.588	»	0.005	y_{13}	0.645	0.643	0.002	»
y_{14}	0.567	0.567	»	»	y_{14}	0.645	0.643	0.002	»
y_{15}	0.549	0.548	0.001	»	y_{15}	0.599	0.599	»	»
y_{16}	0.530	0.534	»	0.004	y_{16}	0.578	0.581	»	0.003
y_{17}	0.545	0.545	»	»	y_{17}	0.562	0.564	»	0.002
y_{18}	0.502	0.500	0.002	»	y_{18}	0.546	0.547	»	0.004
y_{19}	0.488	0.486	0.002	»	y_{19}	0.536	0.533	0.003	»
y_{20}	0.475	0.473	0.002	»	y_{20}	0.522	0.519	0.003	»
y_{21}	0.465	0.462	0.003	»	y_{21}	0.547	0.506	0.011	»

Tableau V.

MACHINE VERTICALE DU SYSTEME DE WOOLF

de MM. N. Schlumberger et Cie, a Guebwiller.

8 août : $p_0 = 6.033$, $fc = 0.1941$, $\alpha = 0.59$.   31 août : $p_0 = 5.734$, $fc = 0.3305$, $\alpha = 0.71$.

Petit Cylindre.

y	Pression d'après les ordonnées	d'après la loi $\frac{p_n}{p_0}=\left(\frac{v_0}{v_n}\right)^\alpha$	DIFF. Δ +	DIFF. Δ −	y	Pression d'après les ordonnées	d'après la loi $\frac{p_n}{p_0}=\left(\frac{v_0}{v_n}\right)^\alpha$	DIFF. Δ +	DIFF. Δ −
y_4	»	»	»	»	y_4	»	»	»	»
y_5	»	»	»	»	y_5	»	»	»	»
y_6	»	»	»	»	y_6	»	»	»	»
y_7	4.627	4.668	»	0.041	y_7	»	»	»	»
y_8	4.236	4.262	»	0.026	y_8	»	»	»	»
y_9	3.939	3.939	»	»	y_9	4.978	5.008	»	0.030
y_{10}	3.684	3.675	0.006	»	y_{10}	4.576	4.605	»	0.029
y_{11}	3.463	3.453	0.010	»	y_{11}	4.277	4.274	»	0.003
y_{12}	3.252	3.264	»	0.012	y_{12}	3.994	3.994	»	»
y_{13}	3.088	3.101	»	0.013	y_{13}	3.750	3.755	»	0.005
y_{14}	2.955	2.958	»	0.003	y_{14}	3.545	3.547	»	0.002
y_{15}	2.822	2.831	»	0.009	y_{15}	3.369	3.365	0.004	»
y_{16}	2.705	2.718	»	0.013	y_{16}	3.244	3.204	0.040	»
y_{17}	2.611	2.617	»	0.006	y_{17}	3.064	3.061	0.003	»
y_{18}	2.517	2.525	»	0.008	y_{18}	2.932	2.932	»	»
y_{19}	2.439	2.444	»	0.002	y_{19}	2.820	2.816	0.004	»
y_{20}	2.384	2.364	0.020	»	y_{20}	2.734	2.710	0.024	»
y_{21}	2.338	2.294	0.044	»	y_{21}	2.663	2.643	0.050	»

Grand Cylindre.

$\alpha' = 0.80.$ $\alpha' = 0.72.$

y	Pression d'après les ordonnées	d'après la loi $\frac{p_n}{p_0}=\left(\frac{v_0}{v_n}\right)^\alpha$	DIFF. Δ +	DIFF. Δ −	y	Pression d'après les ordonnées	d'après la loi $\frac{p_n}{p_0}=\left(\frac{v_0}{v_n}\right)^\alpha$	DIFF. Δ +	DIFF. Δ −
y_1	»	»	»	»	y_1	»	»	»	»
y_2	»	»	»	»	y_2	»	»	»	»
y_3	»	»	»	»	y_3	»	»	»	»
y_4	1.490	1.485	0.005	»	y_4	1.342	1.327	0.045	»
y_5	1.085	1.083	0.002	»	y_5	1.224	1.224	»	»
y_6	0.999	0.999	»	»	y_6	1.138	1.138	»	»
y_7	0.928	0.928	»	»	y_7	1.057	1.065	»	0.008
y_8	0.865	0.867	»	0.002	y_8	0.994	1.002	»	0.008
y_9	0.840	0.845	»	0.005	y_9	0.941	0.948	»	0.007
y_{10}	0.766	0.770	»	0.004	y_{10}	0.894	0.900	»	0.006
y_{11}	0.727	0.729	»	0.002	y_{11}	0.845	0.857	»	0.012
y_{12}	0.688	0.694	»	0.006	y_{12}	0.803	0.819	»	0.016
y_{13}	0.656	0.664	»	0.005	y_{13}	0.771	0.785	»	0.014
y_{14}	0.627	0.632	»	0.005	y_{14}	0.739	0.754	»	0.015
y_{15}	0.604	0.606	»	0.002	y_{15}	0.714	0.726	»	0.012
y_{16}	0.580	0.582	»	0.002	y_{16}	0.688	0.700	»	0.012
y_{17}	0.562	0.560	0.002	»	y_{17}	0.661	0.676	»	0.015
y_{18}	0.544	0.540	0.004	»	y_{18}	0.646	0.655	»	0.009
y_{19}	0.525	0.521	0.004	»	y_{19}	0.632	0.632	»	»
y_{20}	0.509	0.504	0.005	»	y_{20}	0.647	0.645	0.002	»
y_{21}	0.496	0.487	0.009	»	y_{21}	0.604	0.598	0.003	»

Tableau VI.

MACHINE VERTICALE DU SYSTÈME DE WOOLF
DE MM. N. SCHLUMBERGER ET Cie, A GUEBWILLER.

Courbes correspondantes.

Courbe XI du 13 octobre : $p_o = 5.167$, $fc = 0.2369$, $\alpha = 0.68$.

Courbe XIV du 13 octobre : $p_o = 5.364$, $fc\ 0.2931$, $\alpha = 0.69$.

y	Pression en kil. par Cent.² d'après les ordonnées	d'après la loi $\frac{p_n}{p_o}=\left(\frac{v_o}{v_n}\right)^\alpha$	DIFFÉRENCES Δ +	−	y	Pression en kil. par Cent.² d'après les ordonnées	d'après la loi $\frac{p_u}{p_o}=\left(\frac{v_o}{v_n}\right)^\alpha$	DIFFÉRENCES Δ +	−
				**Petit Cylindre.**					
y_4	»	»	»	»	y_4	»	»	»	»
y_5	»	»	»	»	y_5	»	»	»	»
y_6	»	»	»	»	y_6	»	»	»	»
y_7	4.450	4.399	0.051	»	y_7	»	»	»	»
y_8	4.009	3.961	0.048	«	y_8	»	»	»	»
y_9	3.616	3.617	»	0.004	y_9	4.395	4.327	0.068	»
y_{10}	3.340	3.340	»	»	y_{10}	3.986	3.990	»	0.004
y_{11}	3.120	3.108	0.012	»	y_{11}	3.710	3.710	»	»
y_{12}	2.899	2.913	»	0.014	y_{12}	3.458	3.472	»	0.014
y_{13}	2.726	2.746	»	0.020	y_{13}	3.246	3.272	»	0.026
y_{14}	2.584	2.600	»	0.016	y_{14}	3.072	3.095	»	0.023
y_{15}	2.458	2.473	»	0.015	y_{15}	2.915	2.944	»	0.026
y_{16}	2.348	2.359	»	0.011	y_{16}	2.797	2.804	»	0.007
y_{17}	2.253	2.260	»	0.007	y_{17}	2.687	2.683	0.004	»
y_{18}	2.490	2.467	0.023	»	y_{18}	2.584	2.573	0.011	»
y_{19}	2.104	2.084	0.020	»	y_{19}	2.543	2.473	0.040	»
y_{20}	2.044	2.009	0.032	»	y_{20}	2.442	2.382	0.060	»
y_{21}	2.002	1.940	0.062	»	y_{21}	2.387	2.300	0.087	»
				Grand Cylindre.					
	$\alpha' = 0.58$.					$\alpha' = 0.63$.			
y_1	»	»	«	»	y_1	»	»	»	»
y_2	»	»	»	»	y_2	»	»	»	»
y_3	»	»	»	»	y_3	»	»	»	»
y_4	0.903	0.874	0.029	»	y_4	1.089	1.066	0.023	»
y_5	0.834	0.849	0.012	»	y_5	1.006	0.993	0.043	»
y_6	0.772	0.772	»	»	y_6	0.932	0.932	»	»
y_7	0.724	0.732	»	0.008	y_7	0.873	0.880	»	0.007
y_8	0.687	0.697	»	0.040	y_8	0.826	0.834	»	0.008
y_9	0.647	0.666	»	0.049	y_9	0.786	0.794	»	0.008
y_{10}	0.624	0.639	»	0.048	y_{10}	0.748	0.759	»	0.011
y_{11}	0.597	0.615	»	0.048	y_{11}	0.719	0.728	»	0.009
y_{12}	0.570	0.593	»	0.023	y_{12}	0.695	0.699	»	0.004
y_{13}	0.554	0.572	»	0.048	y_{13}	0.669	0.673	»	0.004
y_{14}	0.544	0.554	»	0.043	y_{14}	0.647	0.650	»	0.003
y_{15}	0.528	0.538	»	0.040	y_{15}	0.626	0.629	»	0.003
y_{16}	0.522	0.522	»	»	y_{16}	0.610	0.609	0.004	»
y_{17}	0.506	0.508	»	0.002	y_{17}	0.592	0.594	0.001	»
y_{18}	0.496	0.495	0.004	»	y_{18}	0.578	0.574	0.004	»
y_{19}	0.485	0.482	0.003	»	y_{19}	0.565	0.559	0.006	»
y_{20}	0.480	0.474	0.009	»	y_{20}	0.557	0.544	0.013	»
y_{21}	»	»	»	»	y_{21}	»	»	»	»

Tableau VII.

MACHINE VERTICALE DU SYSTÈME DE WOOLF

DE MM. N. Schlumberger et Cⁱᵉ, a Guebwiller.

Courbes correspondantes.

Courbe XVIII du 13 octobre : $p_0 = 5.639$, $fc = 0.3056$, $\alpha = 0.71$.

Courbe II du 14 octobre : $p_0 = 5.395$, $fc = 0.3056$, $\alpha = 0.61$.

y	d'après les ordonnées	d'après la loi $\frac{p_n}{p^0}=\left(\frac{v_0}{v_n}\right)^\alpha$	+	−	y	d'après les ordonnées	d'après la loi $\frac{p_n}{p_0}=\left(\frac{v_0}{v_n}\right)^\alpha$	+	−
Petit Cylindre.									
y_4	»	»	»	»	y_4	»	»	»	»
y_5	»	»	»	»	y_5	»	»	»	»
y_6	»	»	»	»	y_6	»	»	»	»
y_7	»	»	»	»	y_7	»	»	»	»
y_8	5.143	5.461	»	0.018	y_8	4.978	4.967	0.011	»
y_9	4.694	4.694	»	»	y_9	4.568	4.579	»	0.010
y_{10}	4.317	4.317	»	»	y_{10}	4.261	4.261	»	»
y_{11}	3.993	4.006	»	0.043	y_{11}	4.009	3.996	0.013	»
y_{12}	3.694	3.745	»	0.051	y_{12}	3.784	3.774	0.010	»
y_{13}	3.474	3.520	»	0.046	y_{13}	3.576	3.575	0.001	»
y_{14}	3.293	3.325	»	0.032	y_{14}	3.387	3.401	»	0.014
y_{15}	3.128	3.155	»	0.027	y_{15}	3.246	3.254	»	0.008
y_{16}	2.978	3.004	»	0.026	y_{16}	3.096	3.120	»	0.024
y_{17}	2.844	2.869	»	0.025	y_{17}	2.978	3.000	»	0.022
y_{18}	2.734	2.749	»	0.015	y_{18}	2.876	2.891	»	0.015
y_{19}	2.639	2.639	»	»	y_{19}	2.789	2.789	»	»
y_{20}	2.584	2.540	0.044	»	y_{20}	2.740	2.704	0.009	»
y_{21}	2.545	2.449	0.096	»	y_{21}	2.647	2.648	0.029	»
Grand Cylindre.									
		$\alpha' = 0.69$.					$\alpha' = 0.64$.		
y_1	»	»	»	»	y_1	»	»	»	»
y_2	»	»	»	»	y_2	»	»	»	»
y_3	»	»	»	»	y_3	1.136	1.119	0.017	»
y_4	»	»	»	»	y_4	1.044	1.034	0.010	»
y_5	1.153	1.143	0.040	»	y_5	0.963	0.959	0.004	»
y_6	1.053	1.038	0.015	»	y_6	0.899	0.899	»	»
y_7	0.974	0.974	»	»	y_7	0.847	0.848	»	0.001
y_8	0.944	0.949	»	0.009	y_8	0.804	0.803	»	0.002
y_9	0.860	0.871	»	0.011	y_9	0.760	0.765	»	0.005
y_{10}	0.815	0.829	»	0.014	y_{10}	0.729	0.730	»	0.001
y_{11}	0.778	0.791	»	0.013	y_{11}	0.695	0.699	»	0.004
y_{12}	0.746	0.758	»	0.012	y_{12}	0.667	0.674	»	0.004
y_{13}	0.717	0.727	»	0.010	y_{13}	0.644	0.647	»	0.006
y_{14}	0.693	0.700	»	0.007	y_{14}	0.621	0.624	»	0.003
y_{15}	0.669	0.676	»	0.005	y_{15}	0.597	0.603	»	0.006
y_{16}	0.650	0.652	»	0.002	y_{16}	0.585	0.584	0.004	»
y_{17}	0.634	0.630	0.004	»	y_{17}	0.567	0.566	0.004	»
y_{18}	0.607	0.611	»	0.004	y_{18}	0.556	0.550	0.006	»
y_{19}	0.594	0.593	0.001	»	y_{19}	0.547	0.535	0.012	»
y_{20}	0.578	0.576	0.002	»	y_{20}	0.541	0.524	0.020	»
y_{21}	»	»	»	»	y_{21}	»	»	»	»

Tableau VIII.

MACHINE VÉRTICALE DU SYSTÈME DE WOOLF

DE MM. N. Schlumberger et Cie, a Guebwiller.

Courbes correspondantes. —

Courbe X du 14 octobre : $p_0 = 5.560$, $fc = 0.3281$, $\alpha = 0.64$.

y	Pression en kil. par Cent.^{2} d'après les ordonnées	Pression en kil. par Cent.^{2} d'après la loi $\dfrac{p_n}{p_0} = \left(\dfrac{v_0}{v_n}\right)^\alpha$	DIFFÉRENCES Δ +	DIFFÉRENCES Δ −	y	Pression en kil. par Cent.^{2} d'après les ordonnées	Pression en kil. par Cent.^{2} d'après la loi $\dfrac{p_n}{p_0} = \left(\dfrac{v_0}{v_n}\right)^\alpha$	DIFFÉRENCES Δ +	DIFFÉRENCES Δ −
			Petit Cylindre.						
y_4	»	»	»	»					
y_5	»	»	»	»					
y_6	»	»	»	»					
y_7	»	»	»	»					
y_8	»	»	»	»					
y_9	4.891	4.898	»	0.007					
y_{10}	4.537	4.542	»	0.005					
y_{11}	4.246	4.246	»	»					
y_{12}	3.978	4.003	»	0.025					
y_{13}	3.750	3.758	»	0.008					
y_{14}	3.564	3.590	»	0.029					
y_{15}	3.403	3.423	»	0.020					
y_{16}	3.238	3.275	»	0.037					
y_{17}	3.120	3.143	»	0.023					
y_{18}	3.009	3.024	»	0.015					
y_{19}	2.915	2.915	»	»					
y_{20}	2.828	2.846	0.042	»					
y_{21}	2.784	2.725	0.056	»					
			Grand Cylindre.						
	$\alpha' = 0.61$.								
y_1	»	»	»	»					
y_2	»	»	»	»					
y_3	1.485	1.463	0.022	»					
y_4	1.087	1.077	0.040	»					
y_5	1.007	1.005	0.002	»					
y_6	0.945	0.945	»	»					
y_7	0.894	0.893	»	0.002					
y_8	0.847	0.848	»	0.004					
y_9	0.806	0.809	»	0.003					
y_{10}	0.770	0.775	»	0.005					
y_{11}	0.742	0.743	»	0.001					
y_{12}	0.713	0.715	»	0.002					
y_{13}	0.690	0.690	»	»					
y_{14}	0.667	0.667	»	»					
y_{15}	0.647	0.646	0.001	»					
y_{16}	0.626	0.626	»	»					
y_{17}	0.608	0.608	»	»					
y_{18}	0.592	0.594	0.001	»					
y_{19}	0.577	0.576	0.001	»					
y_{20}	0.564	0.564	»	»					
y_{21}	0.554	0.548	0.006	»					

TABLEAU RÉSUMÉ DES COURBES.

TABLEAU IX.

MACHINE VERTICALE, SYSTÈME DE WOOLF

DE MM. N. SCHLUMBERGER ET Cie, A GUEBWILLER.

Courbes prises depuis la mise en marche.

13 OCTOBRE 1868.

NUMÉROS et DATES.	p_0	fc	α Petit cylindre	α' Grand cylindre
12 juin 1868 .	4.033	0.1571	0.37	0.57
13 —	1.269	0.1594	0.48	0.62
19 —	2.057	0.0778	0.38	0.64
20 juin N° 1 A	2.017	0.1149	0.42	»
N° 1 B	»	»	0.43	»
N° 2 A	2.096	0.1323	0.47	»
N° 2 B	»	»	0.44	»
N° 3 A	2.017	0.1153	0.44	»
N° 3 B	2.635	0.1317	0 45	»
25 juin 1868 .	2.797	0.1226	0.48	0.62
27 —	2.679	0.1041	0.46	0.59
29 —	2.860	0.1339	0.50	0.55
30 —	3.151	0.1361	0.51	»
1er juillet 1868	3.277	0.1400	0.51	0.63
3 I	3.332	0.1324	0.47	»
3 II	3.316	0.1314	0.48	»
7 juillet	3.844	0.1482	0.50	0.50
10 I	4 994	0.2128	0.63	0 63
10 II	4.986	0.2034	0.62	0.63
15 juillet	4.639	0.2168	0.62	0.67
16 —	4.694	0.1837	0.55	0.61
25 —	5.524	0.1623	0.58	0.64
28 —	5.404	0.2044	0.58	0.64

14 OCTOBRE 1868.

NUMÉROS et DATES.	p_0	fc	α Petit cylindre	α' Grand cylindre
3 août 1868 .	5.757	0.1489	0.55	0.73
4 —	5.658	0.2159	0.61	0.63
7 —	6.033	0.1871	0.57	0.76
8 —	6.033	0.1944	0.59	0.80
12 —	5.867	0.2054	0.58	0.81
26 —	6.033	0.3345	0.66	»
28 —	5.324	0.2185	0.64	0.71
31 —	5.734	0.3305	0.71	0.72
1er oct. 1868 .	5.852	0.2562	0.68	0.72
6 —	5.632	0.2294	0.65	0.74
I	3.277	0.1482	0 49	»
II	4.733	0.2072	0.59	»
III	5.080	0.2959	0.67	»
IV	5.836	0.4372	0.72	0.77

Courbes moyennes.

	p_0	fc	α Petit cylindre	α' Grand cylindre
13 nov. 1868 .	5.694	0.3186	0.72	0.71
14 —	5.419	0.2931	0.69	0.69
26 —	5.592	0.3144	0.71	0 71

TABLEAU X.

Courbes correspondantes.

13 OCTOBRE 1868.

	p_0	fc	α Petit cylindre	α' Grand cylindre
VI	4.954	0.2262	0.68	0.50
VII	4.931	0.2647	0.69	0.62
VIII	5.040	0.2474	0.67	0.62
IX	4.931	0.2489	0.67	0.60
X	5.167	0.2396	0.68	0.56
XI	5.167	0.2369	0.68	0.58
XIII	3.356	0.0833	0.53	0.53
XIV	5.364	0.2931	0.69	0.63
XV	5.403	0.2697	0.69	0.75
XVI	5.482	0.2633	0.67	0.74
XVII	5.529	0.2522	0.66	0.74
XVIII	5.639	0.3089	0.74	0.69

14 OCTOBRE 1868.

	p_0	fc	α Petit cylindre	α' Grand cylindre
I	5.403	0.3469	0.62	0.64
II	5.395	0.3056	0.64	0.64
III	5.748	0.1953	0.57	0.58
IV	5.608	0.2356	0.59	0.60
VI	3.749	0.2668	0.57	0.54
VII	4.222	0.2776	0.58	0.54
VIII	5.222	0.2695	0.62	0.60
IX	5.505	0.2664	0.61	0.60
X	5.560	0.3284	0.64	0.64

TABLEAU XI.

MACHINE VERTICALE

DE MM. A. SCHLUMBERGER FILS ET Cie, A MULHOUSE.

y	Courbe N° III : $p_0 = 3.689$, $fc = 0.1304$, $\alpha = 0.80$. Pression en kil. par Cent.² d'après les ordonnées	d'après la loi $\frac{p_n}{p_0} = \left(\frac{v_0}{v_n}\right)^\alpha$	DIFFÉRENCES Δ +	−	y	Courbe N° V : $p_0 = 2.705$, $fc = 0.1297$, $\alpha = 0.75$. Pression en kil. par Cent.² d'après les ordonnées	d'après la loi $\frac{p_n}{p_0} = \left(\frac{v_0}{v_n}\right)^\alpha$	DIFFÉRENCES Δ +	−
			Un seul cylindre avec enveloppe de vapeur.						
y_1	»	»	»	»	y_1	»	»	»	»
y_2	»	»	»	»	y_2	»	»	»	»
y_3	»	»	»	»	y_3	»	»	»	»
y_4	»	»	»	»	y_4	»	»	»	»
y_5	2.549	2.617	»	0.068	y_5	»	»	»	»
y_6	2.189	2.189	»	»	y_6	1.705	1.653	0.052	»
y_7	1.931	1.892	0.039	»	y_7	1.486	1.442	0.044	»
y_8	1.721	1.673	0.048	»	y_8	1.322	1.285	0.037	»
y_9	1.541	1.503	0.038	»	y_9	1.189	1.162	0.027	»
y_{10}	1.400	1.368	0.032	»	y_{10}	1.072	1.064	0.008	»
y_{11}	1.275	1.257	0.018	»	y_{11}	0.985	0.983	0.002	»
y_{12}	1.181	1.165	0.016	»	y_{12}	0.908	0.945	«	0.007
y_{13}	1.088	1.087	0.001	»	y_{13}	0.844	0.857	»	0.013
y_{14}	1.028	1.019	0.009	»	y_{14}	0.794	0.807	»	0.013
y_{15}	0.969	0.964	0.008	»	y_{15}	0.762	0.764	»	0.002
y_{16}	0.916	0.909	0.007	»	y_{16}	0.727	0.725	0.002	»
y_{17}	0.865	0.863	0.002	»	y_{17}	0.693	0.691	0.002	»
y_{18}	0.826	0.822	0.004	»	y_{18}	0.655	0.660	»	0.005
y_{19}	0.780	0.785	»	0.005	y_{19}	0.626	0.632	«	0.006
y_{20}	0.746	0.753	»	0.007	y_{20}	0.602	0.607	»	0.005
y_{21}	0.711	0.722	»	0.011	y_{21}	0.578	0.585	»	0.007

TABLEAU XII.

MACHINE VERTICALE

DE MM. A. SCHLUMBERGER FILS ET Cie, A MULHOUSE.

	Courbe N^o I : $p_0 = 3{,}541$, $fc = 0.1608$, $\alpha = 0.76$.					Courbe N° III : $p_0 = 3.627$, $fc = 0.0875$, $\alpha = 0.64$.			
	Pression en kil. par Cent.^{2}		DIFFÉRENCES Δ			Pression en kil. par Cent.^{2}		DIFFÉRENCES Δ	
y	d'après les ordonnées	d'après la loi $\frac{p_n}{p_0} = \left(\frac{v_0}{v_n}\right)^\alpha$	$+$	$-$	y	d'après les ordonnées	d'après la loi $\frac{p_n}{p_0} = \left(\frac{v_0}{v_n}\right)^\alpha$	$+$	$-$
	Un seul cylindre sans enveloppe de vapeur.								
y_1	»	»	»	»	y_1	»	»	»	»
y_2	»	»	»	»	y_2	»	»	»	»
y_3	»	»	»	»	y_3	»	»	»	»
y_4	»	»	»	»	y_4	2.256	2.570	»	0.014
y_5	»	»	»	»	y_5	2.119	2.142	»	0.023
y_6	2.502	2.533	»	0.031	y_6	1.853	1.853	»	»
y_7	2.205	2.205	»	»	y_7	1.658	1.649	0.009	»
y_8	1.947	1.961	»	0.014	y_8	1.494	1.494	»	»
y_9	1.760	1.772	»	0.012	y_9	1.384	1.372	0.012	»
y_{10}	1.596	1.620	»	0.024	y_{10}	1.291	1.272	0.019	»
y_{11}	1.486	1.493	»	0.007	y_{11}	1.189	1.189	»	»
y_{12}	1.392	1.394	0.004	»	y_{12}	1.127	1.121	0.006	»
y_{13}	1.283	1.302	»	0.019	y_{13}	1.056	1.052	0.004	»
y_{14}	1.213	1.225	»	0.012	y_{14}	1.004	1.005	»	0.001
y_{15}	1.150	1.158	»	0.008	y_{15}	0.959	0.959	»	0.006
y_{16}	1.088	1.099	»	0.011	y_{16}	0.947	0.947	»	0.004
y_{17}	1.049	1.045	0.004	»	y_{17}	0.880	0.880	»	0.004
y_{18}	1.004	0.999	0.005	»	y_{18}	0.847	0.847	»	»
y_{19}	0.969	0.957	0.012	»	y_{19}	0.816	0.816	»	0.001
y_{20}	0.937	0.918	0.019	»	y_{20}	0.788	0.788	»	0.002
y_{21}	0.908	0.883	0.025	»	y_{21}	0.763	0.763	»	0.004

Tableau XIII.

MACHINE HORIZONTALE

DE MM. WEHRLIN, HOFER ET Cie, à Mulhouse.

Courbe N° I : $p_0 = 3.813$, $fc = 0.1385$, $\alpha = 0.65$.					Courbe N° II : $p_0 = 3647$, $fc = 0.1091$, $\alpha = 0.63$.				
	Pression en kil. par Cent.²		DIFFÉRENCES Δ			Pression en kil. par Cent.²		DIFFÉRENCES Δ	
y	d'après les ordonnées	d'après la loi $\frac{p_n}{p_0}=\left(\frac{v_0}{v_n}\right)^\alpha$	+	−	y	d'après les ordonnées	d'après la loi $\frac{p_n}{p_0}=\left(\frac{v_0}{v_n}\right)^\alpha$	+	−

Un seul cylindre à enveloppe de vapeur.

y	d'après les ordonnées	d'après la loi	+	−	y	d'après les ordonnées	d'après la loi	+	−
y_1	»	»	»	»	y_1	»	»	»	»
y_2	»	»	»	»	y_2	»	»	»	»
y_3	»	»	»	»	y_3	»	»	»	»
y_4	»	»	»	»	y_4	»	»	»	»
y_5	3.017	3.016	0.001	»	y_5	2.490	2.490	»	»
y_6	2.608	2.610	»	0.002	y_6	2.159	2.163	»	0.004
y_7	2.315	2.318	»	0.003	y_7	1.915	1.929	»	0.014
y_8	2.088	2.097	»	0.011	y_8	1.750	1.750	»	»
y_9	1.907	1.922	»	0.015	y_9	1.616	1.609	0.007	»
y_{10}	1.773	1.781	»	0.008	y_{10}	1.490	1.494	»	0.004
y_{11}	1.663	1.663	»	»	y_{11}	1.403	1.398	0.005	»
y_{12}	1.568	1.563	0.005	»	y_{12}	1.324	1.316	0.008	»
y_{13}	1.490	1.477	0.013	»	y_{13}	1.269	1.246	0.025	»
y_{14}	1.403	1.402	0.001	»	y_{14}	1.206	1.185	0.021	»
y_{15}	1.348	1.336	0.012	»	y_{15}	1.151	1.131	0.020	»
y_{16}	1.285	1.278	0.007	»	y_{16}	1.088	1.083	0.005	»
y_{17}	1.238	1.223	0.015	»	y_{17}	1.033	1.039	»	0.006
y_{18}	1.175	1.178	»	0.003	y_{18}	1.007	1.001	0.006	»
y_{19}	1.143	1.135	0.008	»	y_{19}	0.973	0.966	0.007	»
y_{20}	1.099	1.096	0.003	»	y_{20}	0.944	0.933	0.011	»
y_{21}	1.064	1.060	0.004	»	y_{21}	0.915	0.913	0.002	»

TABLEAU XIV.

MACHINE HORIZONTALE

DE MM. WEHRLIN, HOFER ET Cie, à Mulhouse.

Courbe N.° III : $p_0 = 3.277$, $fc = 0.0524$, $\alpha = 0.55$.

Courbe N° 5 : $p_0 = 3.592$. $fc = 0.0752$, $\alpha = 0.59$.

Un seul cylindre à enveloppe de vapeur.

y	Pression en kil. par Cent.² d'après les ordonnées	d'après la loi $\frac{p_n}{p_0} = \left(\frac{v_0}{v_n}\right)^\alpha$	DIFFÉRENCES Δ +	−	y	Pression en kil. par Cent.² d'après les ordonnées	d'après la loi $\frac{p_n}{p_0} = \left(\frac{v_0}{v_n}\right)^\alpha$	DIFFÉRENCES Δ +	−
y_1	»	»	»	»	y_1	»	»	»	»
y_2	»	»	»	»	y_2	»	»	»	»
y_3	2.304	2.296	0.005	»	y_3	3.044	3.037	0.004	»
y_4	1.844	1.837	0.007	»	y_4	2.395	2.390	0.005	»
y_5	1.568	1.568	»	»	y_5	2.017	2.017	»	»
y_6	1.387	1.387	»	»	y_6	1.765	1.768	»	0.003
y_7	1.253	1.255	»	0.002	y_7	1.592	1.588	0.004	»
y_8	1.159	1.153	0.006	»	y_8	1.450	1.450	»	»
y_9	1.071	1.071	»	»	y_9	1.340	1.340	»	»
y_{10}	1.004	1.004	»	»	y_{10}	1.253	1.250	0.003	»
y_{11}	0.954	0.947	0.007	»	y_{11}	1.175	1.175	»	»
y_{12}	0.907	0.899	0.008	»	y_{12}	1.119	1.115	0.004	»
y_{13}	0.865	0.857	0.008	»	y_{13}	1.057	1.055	0.002	»
y_{14}	0.824	0.820	0.004	»	y_{14}	1.009	1.006	0.003	»
y_{15}	0.792	0.788	0.004	»	y_{15}	0.962	0.963	»	0.004
y_{16}	0.761	0.758	0.003	»	y_{16}	0.926	0.925	0.004	»
y_{17}	0.735	0.732	0.002	»	y_{17}	0.889	0.890	»	0.004
y_{18}	0.706	0.707	»	0.004	y_{18}	0.860	0.859	0.004	»
y_{19}	0.682	0.685	»	0.003	y_{19}	0.829	0.830	»	0.004
y_{20}	0.667	0.666	0.004	»	y_{20}	0.800	0.804	»	0.004
y_{21}	0.644	0.647	»	0.007	y_{21}	0.774	0.780	»	0.006

Tableau XV.

MACHINE A BALANCIER

de MM. Stehelin.

| | Courbe N° II : $\alpha = 0.90$. | | | | | Courbe N° III : $\alpha = 0.82$. | | | |
y	Pression en kil. par Cent.² d'après les ordonnées	d'après la loi $\dfrac{p_n}{p_0} = \left(\dfrac{v_0}{v_n}\right)^\alpha$	Différences Δ +	−	y	Pression en kil. par Cent.² d'après les ordonnées	d'après la loi $\dfrac{p_n}{p_0} = \left(\dfrac{v_0}{v_n}\right)^\alpha$	Différences Δ +	−
			à balancier et à un seul cylindre sans enveloppe de vapeur.						
y_1	»	»	»	»	y_1	»	»	»	»
y_2	»	»	»	»	y_2	»	»	»	»
y_3	»	»	»	»	y_3	»	»	»	»
y_4	»	»	»	»	y_4	»	»	»	»
y_5	»	»	»	»	y_5	»	»	»	»
y_6	»	»	»	»	y_6	»	»	»	»
y_7	»	»	»	»	y_7	»	»	»	»
y_8	»	»	»	»	y_8	»	»	»	»
y_9	»	»	»	»	y_9	»	»	»	»
y_{10}	»	»	»	»	y_{10}	»	»	»	»
y_{11}	»	»	»	»	y_{11}	»	»	«	»
y_{12}	1.661	1.620	0.044	»	y_{12}	»	»	»	»
y_{13}	1.499	1.499	»	»	y_{13}	1.452	1.452	»	»
y_{14}	1.373	1.394	»	0.024	y_{14}	1.334	1.359	»	0.025
y_{15}	1.281	1.304	»	0.023	y_{15}	1.253	1.279	»	0.026
y_{16}	1.206	1.226	»	0.020	y_{16}	1.182	1.191	»	0.009
y_{17}	1.137	1.157	»	0.020	y_{17}	1.125	1.147	»	0.022
y_{18}	1.077	1.095	»	0.018	y_{18}	1.077	1.094	»	0.044
y_{19}	1.038	1.040	»	0.002	y_{19}	1.040	1.044	»	0.004
y_{20}	1.002	0.992	0.010	»	y_{20}	1.023	0.996	0.027	»
y_{21}	0.965	0.946	0.019	»	y_{21}	0.981	0.955	0.026	»

Tableau XVI.

MACHINE A BALANCIER

de MM. Stehelin.

<table>
<tr><td rowspan="4">y</td><td colspan="4" align="center">Courbe N° IV : $\alpha = 1.04$.</td><td rowspan="4">y</td><td colspan="4" align="center">Courbe N° VI : $\alpha = 1$.</td></tr>
<tr><td colspan="2" align="center">Pression en kil. par Cent.²</td><td colspan="2" align="center">DIFFÉRENCES Δ</td><td colspan="2" align="center">Pression en kil. par Cent.²</td><td colspan="2" align="center">DIFFÉRENCES Δ</td></tr>
<tr><td align="center">d'après les ordonnées.</td><td align="center">d'après la loi $\dfrac{p_n}{p_0}=\left(\dfrac{v_0}{v_n}\right)^\alpha$</td><td align="center">+</td><td align="center">—</td><td align="center">d'après les ordonnées.</td><td align="center">d'après la loi $\dfrac{p_n}{p_0}=\left(\dfrac{v_0}{v_n}\right)^\alpha$</td><td align="center">+</td><td align="center">—</td></tr>
<tr><td colspan="8" align="center">**à balancier et à un seul cylindre sans enveloppe de vapeur.**</td></tr>
<tr><td>y_1</td><td>»</td><td>»</td><td>»</td><td>»</td><td>y_1</td><td>»</td><td>»</td><td>»</td><td>»</td></tr>
<tr><td>y_2</td><td>»</td><td>»</td><td>»</td><td>»</td><td>y_2</td><td>»</td><td>»</td><td>»</td><td>»</td></tr>
<tr><td>y_3</td><td>»</td><td>»</td><td>»</td><td>»</td><td>y_3</td><td>»</td><td>»</td><td>»</td><td>»</td></tr>
<tr><td>y_4</td><td>»</td><td>»</td><td>»</td><td>»</td><td>y_4</td><td>»</td><td>»</td><td>»</td><td>»</td></tr>
<tr><td>y_5</td><td>»</td><td>»</td><td>»</td><td>»</td><td>y_5</td><td>»</td><td>»</td><td>»</td><td>»</td></tr>
<tr><td>y_6</td><td>»</td><td>»</td><td>»</td><td>«</td><td>y_6</td><td>»</td><td>»</td><td>»</td><td>»</td></tr>
<tr><td>y_7</td><td>»</td><td>»</td><td>»</td><td>»</td><td>y_7</td><td>»</td><td>»</td><td>»</td><td>»</td></tr>
<tr><td>y_8</td><td>»</td><td>»</td><td>»</td><td>»</td><td>y_8</td><td>»</td><td>»</td><td>»</td><td>»</td></tr>
<tr><td>y_9</td><td>»</td><td>»</td><td>»</td><td>»</td><td>y_9</td><td>»</td><td>»</td><td>»</td><td>»</td></tr>
<tr><td>y_{10}</td><td>»</td><td>»</td><td>»</td><td>»</td><td>y_{10}</td><td>»</td><td>»</td><td>»</td><td>»</td></tr>
<tr><td>y_{11}</td><td>»</td><td>»</td><td>»</td><td>»</td><td>y_{11}</td><td>»</td><td>»</td><td>»</td><td>»</td></tr>
<tr><td>y_{12}</td><td>»</td><td>»</td><td>»</td><td>»</td><td>y_{12}</td><td>2.316</td><td>2.304</td><td>0.012</td><td>»</td></tr>
<tr><td>y_{13}</td><td>1.745</td><td>1.745</td><td>»</td><td>»</td><td>y_{13}</td><td>2.112</td><td>2.112</td><td>»</td><td>»</td></tr>
<tr><td>y_{14}</td><td>1.569</td><td>1.606</td><td>»</td><td>0.037</td><td>y_{14}</td><td>1.954</td><td>1.949</td><td>0.005</td><td>»</td></tr>
<tr><td>y_{15}</td><td>1.441</td><td>1.486</td><td>»</td><td>0.045</td><td>y_{15}</td><td>1.781</td><td>1.808</td><td>»</td><td>0.019</td></tr>
<tr><td>y_{16}</td><td>1.349</td><td>1.384</td><td>»</td><td>0.035</td><td>y_{16}</td><td>1.679</td><td>1.688</td><td>»</td><td>0.009</td></tr>
<tr><td>y_{17}</td><td>1.263</td><td>1.294</td><td>»</td><td>0.031</td><td>y_{17}</td><td>1.568</td><td>1.583</td><td>»</td><td>0.015</td></tr>
<tr><td>y_{18}</td><td>1.204</td><td>1.214</td><td>»</td><td>0.010</td><td>y_{18}</td><td>1.497</td><td>1.490</td><td>»</td><td>0.007</td></tr>
<tr><td>y_{19}</td><td>1.145</td><td>1.145</td><td>»</td><td>»</td><td>y_{19}</td><td>1.403</td><td>1.407</td><td>»</td><td>0.004</td></tr>
<tr><td>y_{20}</td><td>1.098</td><td>1.082</td><td>0.016</td><td>»</td><td>y_{20}</td><td>1.332</td><td>1.333</td><td>»</td><td>0.004</td></tr>
<tr><td>y_{21}</td><td>1.064</td><td>1.025</td><td>0.039</td><td>»</td><td>y_{21}</td><td>1.293</td><td>1.267</td><td>0.026</td><td>»</td></tr>
</table>

TABLEAU RÉSUMÉ DES COURBES.

TABLEAU XVII.

MACHINES DE DIFFÉRENTS SYSTÈMES.

NUMÉROS et DATES.	p_0	fc	α Petit cylindre	α' Grand cylindre	NUMÉROS et DATES.	p_0	fc	α Petit cylindre	α' Grand cylindre
MACHINE WOOLF DE MM. WEHRLIN, HOFER & Cie					**MACHINE VERTICALE DE MM. A. SCHLUMBERGER FILS & Cie**				
ESSAI AU FREIN.					*Un cylindre avec enveloppe de vapeur.*				
12 h. 45	4.540	0.42			I	3.713	0.1295	0.79	
12 47	4.424	0.42			II	3.689	0.1356	0.83	
12 49	4.330	0.42	0.78	1. »	III	3.689	0.1304	0.80	
12 53	3.970	0.42			IV	3.650	0.1234	0.77	
12 59	3.827	0.42			V	2.705	0.1297	0.75	
MACHINE WOOLF.									
Courbe I	3.907	0.2905	0.75	0.77	**MACHINE HORIZONTALE DE MM. WEHRLIN. HOFER & Cie**				
— II	5.033	0.3540	0.74	0.78	*Un cylindre avec enveloppe de vapeur.*				
Courbe moyenne.	3.962	0.2613	0.74	0.74	I	3.813	0.1385	0.65	
MACHINE WOOLF, RETORDAGE, DE MM. DOLFUS, MIEG & Cie					II	3.647	0.1094	0.63	
Essai an frein	4.514	0.7840	1.26	0.58	III	3.277	0.0524	0.55	
4 fév. 1870 I	»	0.7840	1.26	0.69	IV	3.828	0.1163	0.66	
4 fév. 1870 II	»	0.7840	1.26	0.74	V	3.592	0.0752	0.59	
MACHINE VERTICALE DE MM. A. SCHLUMBERGER FILS & Cie					VI	3.387	0.0637	0.57	
Un cylindre sans enveloppe de vapeur.					VII	3.894	0.1319	0.64	
I	3.541	0.1608	0.76		VIII	3.346	0.0565	0.55	
II	3.377	0.1270	0.74		IX	3.844	0.1070	0.64	
III	3.627	0.0876	0.64		XI	3.450	0.0546	0.55	
IV	3.650	0.0863	0.66						
V	3.299	0.1179	0.69						

§ II. Lois de détente dans les différents systèmes de machines à vapeur, espaces nuisibles négligés.

Les valeurs de α, ainsi que les quantités qui ont servi à leur détermination, ont été réunies dans les tableaux I, II, III, IV...

Ce qui frappe à première vue, c'est le grand nombre de valeurs diverses trouvées pour l'exposant α.

Ainsi, dans les courbes de la machine de MM. N. Schlumberger et Cie, α varie pour le petit cylindre depuis :

$$\alpha = 0.37 \text{ à } \alpha = 0.72$$

et pour le grand cylindre entre les valeurs extrêmes :

$$\alpha' = 0.50 \text{ et } \alpha' = 0.81.$$

En se rapportant au tableau qui résume les observations de la machine de MM Wehrlin, Hofer et Cie, nous voyons α atteindre la valeur 0.78. Dans les autres machines, α s'est même élevé à 1, 1.04 et 1.26 qui sont les limites extrêmes de α que nous avons eu l'occasion de constater.

Des valeurs aussi variables de l'exposant α qui caractérise les lois de la détente dans nos moteurs industriels, il ressort :

1° Qu'il n'est plus permis d'appliquer *la loi de Mariotte* au calcul du travail des machines à vapeur, l'influence de α sur le travail étant très considérable ainsi que nous l'établirons plus tard ;

2° De l'examen des tableaux il résulte que plus la pression initiale p_0 dans le cylindre et le degré de la détente f s'élèvent, plus la valeur de α croît, c'est-à-dire que la loi de détente est moins favorable ;

3° Les lois de détente dans le petit cylindre d'une machine de

Woolf sont presque toujours plus favorables que dans le grand cylindre (1);

4° Moins il y a de vapeur admise par coup de piston et mieux l'équation

$$\frac{p_\mathrm{n}}{p_\mathrm{m}} = \left(\frac{v_\mathrm{m}}{v_\mathrm{n}} \right)^\alpha$$

vérifie les pressions déduites des diagrammes ;

5° Dans une machine de Woolf la même équation rend mieux compte des phénomènes qui se passent dans le grand cylindre que dans le petit ;

6° La courbe représentée par l'équation

$$\frac{p_\mathrm{n}}{p_\mathrm{m}} = \left(\frac{v_\mathrm{m}}{v_\mathrm{n}} \right)^\alpha$$

comparée à celle qui est tracée par le crayon de l'indicateur passe généralement au-dessous de cette dernière dans les premiers moments de la détente, puis elle coupe cette courbe, passe au-dessus pour donner plus loin une intersection et rester au-dessous du diagramme jusqu'à la fin de la course du piston. Les points d'intersection de ces deux courbes correspondent évidemment aux *ordonnées de comparaison.*

Ces observations ne s'appliquent pas d'une manière générale à tous les diagrammes, mais dans la plupart d'entre eux les circonstances qui viennent d'être signalées sont accusées nettement. Très-souvent il arrive cependant que la courbe théorique et celle du diagramme se coupent un grand nombre de fois et alors l'équation

$$\frac{p_\mathrm{n}}{p_\mathrm{m}} = \left(\frac{v_\mathrm{m}}{v_\mathrm{n}} \right)^\alpha$$

donne des résultats très-exacts ; nous renvoyons à ce sujet aux

(1) Bulletin de la Société industrielle de Mulhouse, avril et mai 1867, note de la page. 158.

courbes dynamométriques du petit et du grand cylindre prises sur la machine de MM. N. Schlumberger et Cie, le 25 juin 1868, et surtout à celle du grand cylindre du 29 juin.

§ III. ANALYSE CRITIQUE DES RÉSULTATS OBTENUS PAR LES DIAGRAMMES.

En présence des résultats exposés dans les tableaux précédents, on se demandera sans doute s'il existe réellement une loi qui puisse exprimer d'une manière rigoureuse et rationnelle les faits relatifs à la détente.

L'exposition des phénomènes très-compliqués qui se présentent dans le jeu d'une machine à vapeur, établira qu'il est à peu près impossible de trouver une loi rigoureuse, même en employant toutes les ressources de l'analyse mathématique ; et tout ce qu'il est permis d'espérer c'est d'établir des lois expérimentales d'une approximation plus que suffisante pour la pratique.

En effet, commençons par séparer nettement les machines à enveloppe de vapeur, de celles qui n'en ont pas ou qui sont simplement protégées contre les refroidissements extérieurs par des corps plus ou moins isolants.

Considérons une machine à un cylindre horizontal ou vertical sans enveloppe de vapeur ; elle reçoit par coup de piston et pour un degré de détente f un volume de vapeur v_0 qui est celui qu'engendre le piston pendant l'admission, plus un volume v_p qui représente la totalité des espaces nuisibles. Ce volume $(v_0 + v_p)$ se mêle à la vapeur saturée et humide et d'une température relativement basse qui remplit les espaces nuisibles et qui provient du coup de piston précédent.

De ce mélange résulte une première modification de l'état thermique du volume de vapeur introduit $(v_0 + v_p)$.

En second lieu la vapeur de la chaudière apporte de l'eau entraînée et de l'eau condensée dans les tuyaux. La somme d'eau ainsi amenée est non-seulement très-variable d'une chaudière à une autre mais change même d'un coup de piston à l'autre dans une même machine selon l'allure et la conduite du générateur. De plus, la vapeur qui afflue frappe les parois du cylindre, des couvercles, de la tige du piston, refroidies pendant la détente et l'échappement de la course précédente ; de là il résulte une perte de pression et une nouvelle et abondante condensation ; la chaleur latente fournie par la condensation est absorbée instantanément par les parois.

Arrive l'acte de la détente pendant lequel il y a *anéantissement* et non pas simplement *dispersion* de chaleur et en quantité rigoureusement proportionnelle au travail externe rendu.

Pendant que le piston avance, sous l'action de pressions qui diminuent à chaque instant, les parois restituent du calorique suivant une loi très-complexe et variable avec la fraction de course parcourue depuis l'origine. De plus, du côté opposé le piston rencontre en avançant des portions du cylindre influencées par l'échappement au condenseur.

Si nous passons à l'examen des phénomènes qui se manifestent dans un cylindre à chemise de vapeur, les mêmes causes de variation interviennent encore, mais suivant des lois différentes.

L'abondante condensation dans le cylindre même est notablement réduite, mais de plus la vapeur de l'enveloppe fournira la chaleur pendant la détente, d'une part à la vapeur motrice qui se détend dans le cylindre et d'autre part à l'eau et à la vapeur qui se précipitent du côté opposé au condenseur ; mais il est évident que la chaleur fournie à la vapeur et à l'eau du cylindre provoque une condensation correspondante dans l'enveloppe.

Cette condensation a lieu sous forme d'eau liquide ou de brouillard ; dans les enveloppes ordinaires, ce brouillard, et même en grande partie l'eau liquide, traversent l'enveloppe et se rendent dans le cylindre même. De là résulte ce fait, qui au premier abord peut paraître invraisemblable, mais que l'on trouvera parfaitement démontré plus loin, qu'au commencement de la détente la vapeur du cylindre renferme autant d'eau dans les machines à enveloppe de vapeur mal disposées, que dans celles qui sont simplement entourés de corps mauvais conducteurs ou non. Seulement le mode de travail avant et pendant la détente est bien plus économique dans les machines à enveloppe que dans celles qui n'en ont pas. Cet avantage est tellement évident par lui-même que nous n'y insisterons pas pour le moment, mais nous y reviendrons plus loin.

Examinons maintenant les machines à deux cylindres du système de Woolf à enveloppe de vapeur.

Les mêmes causes internes et externes que nous avons examinées tout à l'heure conduisent à des phénomènes analogues ; reste cependant à étudier ce qui se passe dans le passage de la vapeur du petit au grand cylindre. Lorsque la vapeur se précipite dans les espaces nuisibles entre les deux pistons, il se manifeste au commencement une énorme chute de pression qui sera analysée plus loin et qui apporte une vérification expérimentale remarquable à un principe de thermodynamique de M. Hirn ; on trouvera plus loin tous les développements nécessaires sur ce fait.

Puis on constate un trouble profond dans le grand cylindre au commencement de sa course ; il se traduit par des oscillations souvent très-violentes des courbes, en quelque point que l'on ouvre le robinet de l'indicateur de Watt pour éviter les sinuosités du diagramme ; ces irrégularités proviennent de la condensation que la vapeur éprouve contre les parois du grand cylindre où de son piston qui se trouvaient en contact avec la vapeur d'échappement. A partir de ce moment les choses se passent à peu près comme dans le petit cylindre avec cette différence que la loi

$$\frac{p_n}{p_m} = \left(\frac{V_m}{V_n} \right)^\alpha$$

est vérifiée généralement beaucoup mieux.

Quant aux *diagrammes correspondants* à l'aide desquels cette succession de phénomènes a été étudiée, ils ont été relevés sur la première machine de **MM, N. Schlumberger et Cie**, alors que la seconde travaillait avec elle sur le même arbre qui supportait les deux manivelles calées à angle droit.

Pour avoir des courbes variées, sous le rapport de la pression initiale p_0 et de la détente f dans le petit cylindre, nous avons opéré comme suit :

La deuxième machine a été chargée de plus en plus en modifiant l'ouverture de ses robinets ; en réglant ceux de la première il a été possible de faire rendre à celle-ci un travail variable qui, ajouté à celui de l'autre produisait la puissance motrice à peu près constante exigée par le nombre de métiers en mouvement dans la filature.

Ajoutons pour terminer ce paragraphe sur la variation de la loi de la détente qu'une loi unique pour toute la durée de l'expansion ne rend pas toujours compte fidèlement de la série des diverses pressions ; ce fait se produit quelquefois dans les machines sans enveloppe, on comprend que les lois suivant lesquelles la chaleur est prise et rendue par les parois, doivent être extrêmement compliquées, elles sont, du reste, modifiées par des influences particulières.

Mais on pourra toujours trouver une expression plus exacte de la série des pressions dans le cylindre ; il suffira effectivement de partager la courbe en deux portions et de chercher pour chacune d'elles α, de cette manière on aura deux lois différentes qui se souderont entre elles (1).

§ IV. FORMULE RATIONNELLE DU TRAVAIL DES MACHINES A VAPEUR.

Sur quelques milliers de courbes qui ont été analysées, il ne s'en trouve que deux ou trois qui aient donné $\alpha = 1$, c'est-à-dire que la loi de Mariotte est l'exception ; il convient de rappeler que la machine à vapeur surchauffée de **M. Hirn** obéit à cette loi, dans les conditions particulières des essais de 1864, relatées dans le bulletin de la Société industrielle de Mulhouse, déjà plusieurs fois cité, mais il a

(1) Voir bulletins de la Société industrielle de Mulhouse, avril et mai 1867, page 221.

été dit aussi, page 220 de cette même publication, qu'à un changement de détente correspond une autre loi, donnée par une valeur différente de α. L'auteur de ce premier travail a développé dans le mémoire sur la machine de M. Hirn la formule suivante :

$$Ch_x = 3,6\ \mathrm{K\ T}\ d^2\ c\left(f\,n\left(1 + \frac{1}{1-\alpha}\left(f^{\alpha-1} - 1\right) - n_c\right)\right. \quad (1)$$

qui donne avec une approximation remarquable la puissance d'une machine à vapeur à un cylindre à la condition de tenir compte de la loi de détente véritable. Ses essais sur la machine du système de Woolf de MM. Wehrlin, Hofer et Cie, le conduisirent immédiatement après à établir une formule analogue pour les machines à deux cylindres qui lui permit de discuter les résultats de cet essai.

Comme cette dernière formule n'a pas été publiée autrement que par une communication à la Société industrielle de Mulhouse, il est utile de développer ici celle du travail d'une machine de Woolf en supposant, comme c'est toujours le cas, que α et α' aient des valeurs différentes. Cette formule tout à fait générale conduira par une discussion très-simple au travail d'une machine à vapeur quelconque.

La valeur du travail que la vapeur développe dans un moteur du système de Woolf est la somme algébrique des travaux suivants :

1° Le travail tr_o développé pendant l'admission sous la pression p_o dans le petit cylindre ;

2° Le travail tr_f recueilli pendant la détente dans le premier cylindre ;

3° Le travail Tr_f recueilli entre les deux pistons pendant que la vapeur s'écoule en se détendant du petit cylindre au grand ; elle produit pendant ce temps un travail négatif sur le petit piston et un travail positif sur le grand ;

4° Enfin le travail de la contrepression moyenne p_c sur le grand

---

(1) n et n_c représentent les pressions initiales dans le cylindre, derrière le piston, ces deux pressions étant exprimées en atmosphères.

piston qui est $V_n\,p_c$ par course, si V_n représente le volume engendré et p_c la valeur moyenne de la contrepression.

Nous négligerons pour le moment les espaces nuisibles.

Si donc p_0 est la pression initiale moyenne avec laquelle la vapeur afflue dans le petit cylindre, et si v_0 représente le volume engendré par le petit piston depuis le commencement de la course jusqu'à la fin de l'admission, nous aurons :

$$tr_0 = p_0\,v_0$$

Quant au travail tr_f rendu pendant la détente, dans le petit cylindre, sa différentielle en un point quelconque de la course pour lequel la pression est p' et le volume compté depuis l'origine de la course v', a pour expression :

$$d\,tr_f = p'\,dv'$$

et $\quad tr_f = \int p'\,dv' = \int p_0 \left(\frac{v_0}{v'}\right)^{\alpha} dv' = \frac{p_0\,v_0{}^{\alpha}}{1-\alpha}\,v'^{\,1-\alpha} + C$

et en prenant l'intégrale entre les limites v_0 et v_n,

$$tr_f = \frac{p_0\,v_0{}^{\alpha}}{1-\alpha}\left(v_n{}^{1-\alpha} - v_0{}^{1-\alpha}\right)$$

Passons maintenant au travail Tr_f, recueilli entre les deux pistons pendant que le volume v_n passe à V_n et que la pression tombe de p_n dans le petit cylindre à p_n' dans le grand, en suivant une autre loi de détente caractérisée par α', nous trouverons par analogie :

$$Tr_f = \frac{p_n\,v_n{}^{\alpha'}}{1-\alpha'}\left(V_n{}^{1-\alpha'} - v_n{}^{1-\alpha'}\right)$$

Enfin le travail de la contre-pression sur le grand piston est $V_n\,p_c$, et la somme algébrique de ces 4 travaux donnera :

$$Tr = p_0\,v_0 + \frac{p_0\,v_0{}^{\alpha}}{1-\alpha}\left(v_n{}^{1-\alpha} - v_0{}^{1-\alpha}\right) + \frac{p_n\,v_n{}^{\alpha'}}{1-\alpha'}\left(V_n{}^{1-\alpha'} - v_n{}^{1-\alpha'}\right) - p_c\,V_n \quad (a)$$

En désignant par f le degré de la détente dans le petit cylindre, soit $f = \dfrac{v_0}{v_n}$ par d, c, D et C les diamètres et les courses des deux pistons par $\dfrac{D^2\,C}{d^2\,c}$ la détente opérée dans le passage du petit ou grand cylindre, par T le nombre de tours de la machine par minute et par Ch_x le nombre de chevaux vapeur disponibles sur les pistons, on trouvera par une série de transformations assez laborieuses :

$$(b)\quad Ch_x = 3.49\,T\,d^2\,c\left[f p_0\left(1 + \frac{1}{1-\alpha}\left(f^{\alpha-1}-1\right) + \frac{1}{1-\alpha'}\left(f^{\alpha-1}\left(\frac{D^2 C}{d^2 c}\right)^{1-\alpha'} - f^{\alpha-1}\right) + \frac{D^2\,C}{d^2\,c}\,p_0\right]$$

Les quatre termes entre parenthèses se rapportent : le premier ou 1 au travail pendant l'admission dans le petit cylindre ;

$$\text{le } 2^e \qquad \frac{1}{1-\alpha}\left(f^{\alpha-1}-1\right).$$

au travail de la détente dans ce même cylindre ;

$$\text{le } 3^e \qquad \frac{1}{1-\alpha'}\left(f^{\alpha-1}\left(\frac{D^2 C}{d^2 c}\right)^{1-\alpha'} - f^{\alpha-1}\right)$$

au travail recueilli pendant la détente entre les deux pistons,

$$\text{et enfin le } 4^e \text{ ou} \qquad \frac{D^2\,C}{d^2\,c}\,p_0$$

au travail de la contre-pression.

Si $\alpha = \alpha'$ la formule (b) peut être simplifiée, elle devient dans ce cas :

$$(c)\quad Ch_x = 3.49\,T\,d^2\,c\left(f p_0\left(1 + \frac{1}{1-\alpha}\left(f^{\alpha-1}\left(\frac{D^2 C}{d^2 c}\right)^{1-\alpha} - 1\right) - \frac{D^2\,C}{d^2\,c}\,p_0\right)\right)$$

s'il n'y a pas de détente dans le petit cylindre, et un grand nombre de machines de Woolf se trouvent dans ce cas, l'expression du travail est plus simple encore, car $f = 1$.

$$(d)\quad Ch_x = 3.49\,\mathrm{T}\,d^2\,c\left(f p_0 \left(1 + \frac{1}{1-\alpha}\left(\frac{\mathrm{D}^2\,\mathrm{C}^{1-\alpha}}{d^2\,c} - 1\right)\right) - p_c\,\frac{\mathrm{D}^2\,\mathrm{C}}{d^2\,c}\right)$$

Pour passer de la formule (c) aux machines à un seul cylindre, il suffit de poser $D = d$, $C = c$, car dans ce cas les travaux positifs et négatifs sur les deux pistons s'annulent, et l'on aura :

$$(e)\quad Ch_x = 3.49\,\mathrm{T}\,d^2\,c\left(f p_0 \left(1 + \frac{1}{1-\alpha}\left(f^{\alpha-1} - 1\right)\right) - p_0\right)$$

Cette expression est déjà donnée dans le bulletin de la Société industrielle de Mulhouse, avril et mai 1867, page 223, avec cette différence que les pressions p_0 et p_c sont exprimées ici en *pressions absolues*, par centimètre carré, tandis que dans le bulletin rappelé ci-dessus elles le sont en *atmosphères absolues* (1).

Enfin, si dans une machine sans condensation à un cylindre, la vapeur est admise sans détente pendant toute la course du piston, il suffira de poser $f = 1$ dans l'équation (e) et elle donnera :

$$Ch_x = 3.49\,\mathrm{T}\,d^2\,c\,(p_0 - p_c)$$

§ V. Influence de α sur le travail d'une machine a vapeur.

Pour établir une comparaison entre deux machines données, on part quelquefois du travail accusé par le frein sur l'arbre moteur ou bien encore du travail *indiqué* donné par les diagrammes.

---

(1) Au point de vue scientifique, il est certainement regrettable que la loi française sur les appareils à vapeur ait été changée il y a quelques années ; aujourd'hui les pressions ou timbres sont exprimés en kilogrammes *effectifs* par centimètre carré. Si nous ne nous trompons, on a voulu aider l'intelligence des chauffeurs, en évitant d'inscrire sur les manomètres 1atm. lorsque la pression de la vapeur est égal à peu près à celle de l'atmosphère, car dans ce cas les chauffeurs prétendent que la vapeur n'exerce aucune pression. A notre avis, les chauffeurs ignorent généralement aussi bien ce que signifie une pression absolue qu'une pression *effective*.

Dans l'un et l'autre de ces termes de comparaison, on ne tient pas compte de l'influence variable du travail de la contre-pression sur le piston. La résistance qu'oppose la vapeur d'échappement est variable et ne dépend pas seulement de l'avance à l'échappement, de la grandeur et de la longueur du tuyau de décharge, de la quantité d'eau froide injectée dans le condenseur, mais surtout de la quantité d'eau en suspension dans la vapeur du cylindre, à la fin de la course, au moment de l'échappement. L'influence de cette eau sur le vide plus ou moins parfait dans le condenseur ou derrière le piston a été complètement négligée jusqu'à présent par les constructeurs ; nous reviendrons avec beaucoup de détails sur ce sujet dans la suite de ce mémoire.

Pour avoir des termes de comparaison plus rationnels, nous éliminerons dans certains cas l'influence de la contre-pression sur le piston ; ce travail résistant sera négligé, et nous appellerons *puissance absolue* d'un volume de vapeur v_0 à la pression p_0 le travail produit par pleine pression et par détente, abstraction faite de la contre-pression sur le piston.

Cette puissance absolue sera exprimée en tenant compte des espaces nuisibles ou non.

Pour établir l'influence considérable de α sur la puissance d'un moteur, nous discuterons la formule du travail relative à une machine à un seul cylindre.

La formule relative à une machine de Woolf conduirait à des résultats analogues, mais elle exigerait des calculs beaucoup plus longs.

Reprenons l'équation :

$$Ch_x = 3.49 \, T \, d^2 \, c \left(f p_0 \left(1 + \frac{1}{1 - \alpha} \left(f^{\alpha-1} - 1 \right) \right) - p_0 \right)$$

dans laquelle nous développerons en série le terme relatif à la détente ou

$$\frac{1}{1 - \alpha} \left(f^{\alpha-1} - 1 \right)$$

nous exprimerons ainsi, sous une forme plus commode, la différence des travaux d'une machine, selon que la vapeur se détend d'après la loi de Mariotte déterminée par $\alpha = 1$, ou une autre loi caractérisée par

$$\frac{p_\mathrm{u}}{p_\mathrm{m}} = \left(\frac{v_\mathrm{m}}{v_\mathrm{n}} \right)^\alpha ;$$

α étant plus petit que 1.

Le facteur $f^{\alpha-1}$ peut être mis sous la forme :

$$f^{\alpha-1} = 1 + (\alpha-1)\, \mathrm{L} f + \frac{(\alpha-1)^2\, \mathrm{L}^2 f}{1.2} + \frac{(\alpha-1)^3\, \mathrm{L}^3 f}{1.2.3} + \frac{(\alpha-1)^4\, \mathrm{L}^4 f}{1.2.3.4} + \text{etc.}\ (1)$$

donc

$$\frac{1}{1-\alpha}\left(f^{\alpha-1} - 1 \right) = -\mathrm{L} f - \frac{(\alpha-1)\,\mathrm{L}^2 f}{1.2} - \frac{(\alpha-1)^2\,\mathrm{L}^3 f}{1.3.3} - \frac{(\alpha-1)^3\,\mathrm{L}^4 f}{1.2.3.4} - \ldots \text{etc.}$$

et en ne conservant dans la formule de la puissance d'une machine, que les termes relatifs au travail absolu, nous pouvons l'écrire comme suit :

$$Tr_\mathrm{abs} = p_0\, v_0 \left(1 + \frac{1}{1-\alpha}\left(f^{\alpha-1} \right) \right) = p_0\, v_0 \left(1 - \mathrm{L} f - \frac{(\alpha-1)\,\mathrm{L}^2 f}{1.2} - \frac{(\alpha-1)^2\,\mathrm{L}^3 f}{1.2.3} - \frac{(\alpha-1)^3\,\mathrm{L}^4 f}{1.2.3.4}\,\text{etc.} \right)$$

et, par quelques transformations, on arrive facilement à la suivante :

$$Ch_{x\,\mathrm{abs}} = 3.49\ \mathrm{T}\ d^2\ c \left(f p_0 \left(1 - \mathrm{L} f - \frac{(\alpha-1)\,\mathrm{L}^2 f}{1.2} - \frac{(\alpha-1)^2\,\mathrm{L}^3 f}{1.2.3} - \frac{(\alpha-1)^3\,\mathrm{L}^4 f}{1.2.3.4} - \ldots \text{etc.} \right) \right)$$

Le facteur 1 de la parenthèse se rapporte au travail pendant l'admission, et l'ensemble des termes de la série au travail produit pendant la détente.

(1) Dans cette formule et les suivantes L exprime le logarithme népérien.

Si $\alpha = 1$, on rentre dans la loi de Mariotte et l'on trouvera :

$$\mathrm{Chx_{abs}} = 3.49\ \mathrm{T}\ d^2\ c\ \left(f\ p_0\ (1 - \mathrm{L}\ f) \right)$$

$$= 3.49\ \mathrm{T}\ d^2\ c\ \left(f\, p_0\ \left(1 + 2.303\ log.\ \frac{1}{f}\right) \right)$$

Dans cette dernière formule, les deux termes de la parenthèse sont ceux que l'on trouve dans tous les ouvrages qui traitent des machines à vapeur.

Nous voyons, en comparant entre elles ces formules, que le travail absolu d'une machine à vapeur à un seul cylindre fonctionnant sous une loi de détente

$$\frac{p_n}{p_m} = \left(\frac{v_m}{v_n} \right)^{\alpha}$$

dans laquelle $\alpha < 1$ est plus grand que celui qu'elle rend lorsque les pressions de la vapeur suivent, pendant la détente, la loi de Mariotte, caractérisée par $\alpha = 1$; si au contraire $\alpha > 1$, le premier travail sera plus petit que le second, et la différence entre ces deux travaux absolus est donnée par

$$\Delta\,\mathrm{Chx} = 3.49\ \mathrm{T}\ d^2\ c\,f\,p_0\left(- \frac{(\alpha-1)\,\mathrm{L}^2\,f}{1.2} - \frac{(\alpha-1)^2\,\mathrm{L}^3\,f}{1.2.3} - \frac{(\alpha-1)^3\,\mathrm{L}^4\,f}{1.2.3.4}\ etc. \right)$$

Appliquons ces formules à un exemple numérique. Nous choisirons la machine de M. Hirn, marchant à surchauffe ou non et nous admettrons successivement $\alpha = 1$ et $\alpha = 0,60$; en se rapportant aux tableaux précédents on se convaincra que ces valeurs ne sortent pas des limites que l'on peut rencontrer dans la pratique des machines à enveloppe. Les éléments essentiels de cette machine sont les suivants (voir bulletin de la Société industrielle de Mulhouse, avril et mai 1867).

Diamètre du piston. . . . . . . $d = 0.605$

Course. . . . . $c = 1.702$

Nombre de tours . . . . $T = 27$ environ

Fraction d'introduction. . . . . $f = 0.2344$

Pression initiale dans le cylindre . $p_0 = 4^{atm} = 4^{kg} \times 1033 = 4^{kg}\cdot 132$

On trouve pour le *travail absolu* en partant successivement de $\alpha = 1$ et de $\alpha = 0.60$:

$$\mathrm{Chx}_{abs} = 3.49\ T\ d^2\ c\left(f\,p_0\left(1 + 2.303\ log.\ \frac{1}{f}\right)\right) = 139^{chx}16$$

et $\mathrm{Chx}_{abs} = 3.49\ T\ d^2\ c\left(f\,p_0\left(1 + \frac{1}{1-\alpha}\left(f^{\alpha-1} - 1\right)\right)\right) = 168.41$

La différence s'élève à $168.41 - 139.16 = 29.25$ chev. absolus soit une erreur relative de $\dfrac{29.25}{139.16} = 21\ \%$

du résultat obtenu en partant de la loi de Mariotte avec $\alpha = 1$.

Mais en retranchant de la puissance absolue les travaux à peu près constants, perdus par suite de la contre-pression derrière le piston et des frottements propres à la machine elle-même (voir bulletin de la Société industrielle de Mulhouse, avril et mai 1867) ou $17.60 + 11.07 = 28.67$, on trouve une proportion bien plus considérable pour l'erreur entre les travaux réellement disponibles sur l'arbre du volant selon que l'on part de $\alpha = 1$ ou de $\alpha = 0.60$, en effet ces travaux disponibles deviendront :

$$139.16 - 28.67 = 110.49 \text{ chev}_a \text{ effectifs}$$

et $\qquad 168.41 - 28.67 = 139.74 \qquad$ »

et leur différence est encore de $29.25\ Ch_x$ mais l'erreur relative s'élèvera à

$$\frac{29.25}{110.49} = 26\ \% \quad \text{environ}.$$

C'est-à-dire qu'en calculant le travail effectif d'une machine à vapeur d'après la loi de Mariotte on peut commettre dans certains cas une erreur de plus de 26 %.

Il est donc impossible de s'appuyer à l'avenir sur une prétendue loi aussi fausse.

La formule du travail développée en série donne une relation entre f, p_0, α et $Ch_{x\ abs}$. On pourra à la rigueur en tirer une expression qui détermine α en fonction des trois autres quantités.

Nous ferons remarquer que la variable α dépend de tant d'autres influences, particulièrement de la proportion de l'eau entraînée, qu'il sera certainement très-difficile de trouver une valeur rigoureuse de α. Cela ressortira avec évidence des faits exposés dans le deuxième chapitre de ce travail.

Il serait pourtant extrêmement utile de pouvoir exprimer, ne fut-ce qu'approximativement, la loi de détente d'un système de machines, en fonction de certaines données immédiates dont elle dépend. Après des recherches très-laborieuses, il a fallu réduire à un minimum les variables et resserrer le problème entre α, f et p_0.

En s'appuyant sur les chiffres inscrits dans les tableaux donnés plus haut, qui résument les recherches sur les lois de détente, et en comparant entre eux un certain nombre de résultats acquis par les diagrammes, il a été possible d'arriver à une solution satisfaisante au moyen de la formule d'interpolation, dite *des moindres carrés*. Cette méthode est employée très-souvent dans des recherches expérimentales, lorsqu'il s'agit de réunir des résultats pratiques ; Eytelwein, de Prony et d'autres observateurs ont donné, grâce à cette formule, des lois empiriques sur les frottements de l'eau dans les conduites ou canaux.

Dans le cas particulier, il suffit de poser :

$$\alpha = af + bp_0$$

et de déduire les constantes a et b d'une série de données expérimentales par les formules connues :

$$a = \frac{\Sigma\,(p_0{}^2)\,\Sigma\,(f\,\alpha) - \Sigma\,(p_0\,f)\,\Sigma\,(p_0\,\alpha)}{\Sigma\,(p_0{}^2)\,\Sigma\,(f^2) - \Sigma\,(p_0\,f)\,\Sigma\,(p_0\,f)}$$

$$b = \frac{\Sigma\,(f^2)\,\Sigma\,(p_0\,\alpha) - \Sigma\,(p_0\,f)\,\Sigma\,(f\,\alpha)}{\Sigma\,(p_0{}^2)\,\Sigma\,(f^2) - \Sigma\,(p_0\,f)\,\Sigma\,(p_0\,f)}$$

Le tableau suivant résume les longs calculs relatifs à quelques diagrammes de la machine de MM. N. Sclumberger et Cie.

DATES des Diagrammes.	f_0	f_0^2	p_0	p_0^2	$f\alpha$	$p_0\alpha$	$p_0 f$	α observé.	α calculé.	Δ +	Δ —
1868.											
25 juin....	0.1226	0.01503	2.797	7.82331	0.05885	1.34256	0.34291	0.48	0.484	»	0.004
27 juin....	0.1011	0 01022	2.679	7.17704	0.04651	1.23234	0.27085	0.46	0.434	0.026	»
12 juin....	0.1571	0.02468	1.038	1.06709	0.05813	0.38221	0.16228	0.37	0 362	0.008	»
19 juin....	0.0778	0.00605	2.057	4.23125	0.02956	0.78166	0.46003	0.38	0.333	0.047	»
1er juillet..	0.1400	0.04960	3.277	10.73873	0.07140	1.67127	0.45878	0.51	0.558	»	0.048
29 juin....	0.1334	0.04780	2.860	8.17960	0.06670	1.43000	0.38452	0.50	0.505	»	0.005
Σ	0.7320	0.09338	14.703	39.21692	0.33445	6 84004	1.77637	2.70	2.673	»	»
Moyénnes..	0.1220	»	2.6505	»	»	»	»	0.45	0.446	»	»

Les constantes a et b sont :

$$a = 0.1651 \quad \text{et} \quad b = 0.0996$$

et on pourra exprimer α par la formule :

$$\alpha = af + bp_0 = 0.1651\,f + 0.0996\,p_0$$

Pour une autre machine à un seul cylindre horizontal à enveloppe, l'exposant α est donné par :

$$\alpha = af + bp_0 = 0.152\,f + 0.1644\,p_0\,;$$

le tableau ci-dessous renferme tous les éléments nécessaires à la détermination des constantes a et b.

NUMÉRO des DIAGRAMMES.	f_0	p_0	α observé.	α calculé.	Δ	
					+	—
I............	0.4385	3.843	0.65	0.648	0.002	»
II............	0.4094	3.647	0.63	0.616	0.014	»
III............	0.0524	3.277	0.55	0.547	0.003	»
IV............	0.4463	3.828	0.66	0.647	0.043	»
V............	0.0752	3.592	0.59	0.602	»	0.042
VI............	0.0637	3.387	0.57	0.567	0.003	»
VII.........	0.4349	3.894	0.64	0.660	»	0.020
VIII.........	0.0565	3.316	0.55	0.554	»	0.004
	0.7436	28.754	4.84	4.841	»	»
	0.09295	3.594	0.605	0.605	»	»

En examinant attentivement les résultats insérés dans les deux tableaux précédents, on voit qu'ils se rapprochent d'autant plus de ceux qui sont déduits directement des diagrammes que les conditions de détente et de pression ont moins varié. En se tenant ainsi entre des limites étroites, l'eau entraînée ou condensée dans les cylindres est plus constante ; tandis que pour des admissions très-faibles et très-fortes, l'eau vésiculaire arrachée mécaniquement de la chaudière, varie entre des limites plus étendues et les refroidissements internes et externes dans le cylindre se font dans des conditions trop différentes ; il est facile de comprendre que par suite de toutes ces influences on ne peut s'attendre à une loi continue pour α. D'ailleurs, quelles que soient les lacunes que présentent sous ce rapport les longues recherches entreprises à ce sujet, l'Ingénieur y trouvera certainement d'utiles renseignements pour l'étude et la discussion d'un projet.

La formule exposée plus haut :

$$\mathrm{Chx_{abs}} = 3.49\ \mathrm{T}\ d^2\ c\left(f\,p_0\left(1 + \frac{1}{1-\alpha}\left(f^{\alpha-1} - 1\right)\right)\right)$$

ou son équivalente :

$$\mathrm{Chx_{abs}} = 3.49\ \mathrm{T}\ d^2\ c\left(f p_0\left(1 - \mathrm{L}\,f - \frac{(\alpha-1)\,\mathrm{L}^2\,f}{1.2} - \frac{(\alpha-1)^2\,\mathrm{L}^3\,f}{1.2.3} - \frac{(\alpha-1)^3\,\mathrm{L}^4\,f}{1.2.3.4} - \ldots\text{etc.}\right)\right)$$

pourra servir à trouver α en fonction de $Ch_{\text{x abs}}, f, p_0$, mais les résultats ainsi obtenus ne pourraient être plus exacts que ceux que donne la formule

$$\alpha = af + bp_0$$

SYNTHÈSE GÉNÉRALE DU TRAVAIL DES MACHINES A VAPEUR.

On a considéré jusqu'à présent un essai au frein de Prony, comme le seul moyen qui permette d'évaluer avec précision l'effet utile d'un moteur à vapeur. Cela peut être vrai si l'on s'arrête simplement au travail utile rendu. Cependant par des recherches antérieures, publiées dans les bulletins de la Société industrielle de Mulhouse, il a été établi que les indicateurs de Watt donnent exactement le travail disponible sur les pistons.

En retranchant le travail des frottements de la machine de celui que fournissent les diagrammes, on trouve, à une petite différence près, la puissance disponible sur l'arbre premier moteur obtenue par l'essai au frein. Le travail des frottements peut être déterminé par des courbes dynamométriques relevées pendant la marche *à vide* ou par un calcul basé sur la force vive du volant, ainsi que nous l'avons fait pour la machine de M. Hirn et pour deux anciens moteurs de M. N. Schlumberger et Cie.

Un essai au frein ne fournit que la valeur du travail utile, mais que peut-il apprendre au sujet des avantages et des défauts d'une machine, et quels résultats scientifiques peut-on en tirer quant à la discussion du mode d'action de la vapeur et au perfectionnement des moteurs? Les renseignements que peut fournir à ce sujet une expérience au frein sont à peu près nuls, tandis que des diagrammes relevés avec l'indicateur, donnent non-seulement le travail disponible sur les pistons, mais offrent encore des renseignements précieux pour la discussion.

Les recherches exposées dans les pages suivantes conduiront à une synthèse générale du travail des moteurs à vapeur, par la discussion des principales causes de perte de force depuis la chaudière jusqu'au volant. Nous suivrons la vapeur depuis la sortie de la chaudière jusqu'au condenseur pour dresser la somme des pertes de travail absorbées en raison des dispositions particulières des machines et des phénomènes thermiques et dynamiques.

Pour simplifier nos calculs et pour avoir un terme de comparaison rationnel, toutes les pertes de travail seront rapportées à la *puissance absolue sur les pistons*, telle qu'elle a été définie plus haut.

Il est inutile de tenir compte d'un grand nombre de déperditions de force peu importantes ; il suffira de discuter les pertes de travail suivantes dans les machines de Woolf, et par une simple modification des formules, on passera facilement aux machines à un cylindre,

1° Perte de travail entre les chaudières et le cylindre.

2° Perte de travail due aux espaces nuisibles du petit cylindre.

3° Perte de travail due aux espaces nuisibles entre le petit et le grand cylindre.

4° Perte de travail due à la chute de pression entre le petit et le grand cylindre.

5° Perte de travail entre le grand cylindre et le condenseur.

6° Perte de travail provenant des frottements de la machine.

1° PERTES DE TRAVAIL ENTRE LES CHAUDIÈRES ET LE CYLINDRE.

La diminution de pression que l'on constate entre la chaudière et le cylindre est le résultat de plusieurs causes. Elle provient du refroidissement que subit la vapeur dans les tuyaux, des frottements qu'elle doit surmonter et enfin des chocs qui se produisent aux changements brusques de section. Bien que les résistances passives restituent en chaleur une portion du travail qu'elles ont coûté, il n'en subsiste pas moins un déficit. A la sortie du tuyau la vapeur se rend suivant le système de machines, soit dans une enveloppe de vapeur qu'elle traverse pour se rendre au cylindre, soit directement dans ce cylindre. Dans le premier cas, elle est soumise dans ces enveloppes mal disposées et sur lesquelles nous reviendrons plus loin, à une série d'influences qui ont pour résultat final une nouvelle diminution de pression.

Dans un cylindre non entouré de vapeur des causes analogues produisent une perte de charge plus considérable; ce sont ces pertes que nous allons évaluer; mais nous tenons à bien établir qu'elle ne donne pas lieu à une augmentation correspondante dans la consommation de la machine.

Cette chute de pression qui, dans certains cas peut s'élever, à 0 k. 989 et même à beaucoup plus, doit être attribuée, non seulement aux *étranglements des orifices*, comme on l'a cru généralement jusqu'ici, mais surtout aux condensations qui ont lieu dans les enveloppes et les cylindres. Ces condensations ont pour causes les échanges de chaleur qui se font entre la vapeur qui afflue et les parois avec lesquelles elle se trouve en contact. Mais comme on le verra dans la seconde partie de ce travail, cette chaleur est restituée de nouveau à la vapeur pendant la détente, et comme elle modifie les lois de l'expansion elle augmente par là le travail pendant cette période.

Nous donnons maintenant la perte entre les chaudières et le cylindre dans différentes machines.

1° *Machine de M. Hirn, à vapeur surchauffée.*

Pour faciliter l'intelligence de ce qui va suivre , nous renvoyons aux bulletins d'avril et mai 1867 de la Société Industrielle de Mulhouse. Ils renferment une analyse complète des essais entrepris en 1864, sur cette machine.

Le trajet assez long que doit parcourir la vapeur, et la température élevée de celle-ci, sont cause d'une différence considérable entre les pressions dans la chaudière et le cylindre ; cette différence s'élève à $0^{atm.}$ 523, soit $0^{kil.}$ 540 par *ctm.*^{2}, pendant les essais de 1864 ; de telle sorte que la pression, au lieu d'être $= 4^{kil.}$ 204 dans le cylindre eût été de $4^{kil.}$ 204 $+$ 0,540 $= 4^{kil.}$ 744 sans cette perte.

Pour évaluer la perte de travail correspondante, il suffira d'introduire successivement les pressions $p_o = 4^{kil.}$ 744 et p_o $4^{kil.}$ 204 dans la formule :

$$\text{Tr}_{abs} = p_o\, v_o + \frac{p_o\, v_o}{1 - \alpha}\left(\left(\frac{v_o}{v_n}\right)^{1-\alpha} - 1\right)$$

qui donne la puissance absolue sans espaces nuisibles ; on trouvera ainsi :

$$\text{Tr}_{abs} = 13563 \;^{kgr.mét.} 2 \quad \text{avec } p_o = 4.744$$

et

$$\text{Tr}_{abs} = 12018 \;^{kgr.mét.} 4 \quad \text{avec } p_o = 4.204$$

la différence s'élève à $\qquad$ 1544 $^{kgr.mét.}$ 8

soit $\qquad \dfrac{1544.8}{12018.4} = 12.85 \; \%.$

2° *Même machine de M. Hirn, marchant sans surchauffe.*

Dans un autre essai de la même machine de M. Hirn et dont il sera question dans le chapitre II au sujet de l'analyse des condensations dans le cylindre, ce moteur a été alimenté par de la vapeur saturée et alors la différence de pression depuis la chaudière jusqu'au bout du tuyau d'amenée était de :

$$4.5517 - 4.1393 = 0.4124.$$

Cette pression de $4^{kil.}1393$ a été déduite de la température moyenne de la vapeur avant son entrée dans la machine. Du point où a été prise cette première température jusqu'à l'intérieur du cylindre, on a constaté une chute de pression de

$$4.1393 - 3.1500 = 0.9893.$$

Cette valeur considérable que l'on avait jusqu'alors attribuée aux *étranglements des orifices*, provient presque en totalité des condensations qui ont lieu pendant l'admission.

En calculant la perte de travail résultant de la chute de pression totale $1^{kil.}4017 = 0,4124 + 0,9893$, on trouve :

$$tra' - tra = 13530.8 - 9364.8 = 4166$$

soit
$$\frac{4166}{9344.8} = 44\ ^0/_0\ 63.$$

3° *Machine du retordage de MM. Dollfus-Mieg.*

Le rapport sur l'essai de cette machine fait en 1867 [1] donne la perte de pression contre la chaudière et l'enveloppe, elle est de $0^{k.}174$.

De l'enveloppe à l'intérieur du cylindre, cette différence est donnée par les indications d'un manomètre et les courbes de l'essai au frein, mais la vitesse allant en augmentant jusqu'au milieu de la course, et la vapeur passant à travers trois orifices très-étroits dont la section totale est de $25^{ctm.2}$; nous aurons des chutes de pression qui iront en augmentant jusqu'au milieu de la course. Nous opérons sur la courbe de l'intervalle IV du tableau des diagrammes : nous

[1] Voir le bulletin de la Société industrielle de Mulhouse, octobre 1869.

analysons aussi cette courbe pour étudier l'influence des espaces nuisibles.

La pression dans l'enveloppe est de $4^k.973$; la moyenne de la différence de pression jusqu'à l'intérieur du cylindre est de $0^{kil.}280$.

Entre la chaudière et le cylindre nous aurons une perte de

$$0.174 + 0.280 = 0^k.454.$$

4° *Machine de MM. N. Schlumberger et Cie*

De nombreux diagrammes ont été relevés sur cette machine, les 13, 14 et 26 novembre 1868 pendant que les hauteurs du manomètre étaient notées avec soin ; pour chacun de ces jours on a tracé une courbe moyenne et ce sont les ordonnées de ces diagrammes qui ont fourni les valeurs suivantes, par comparaison avec le manomètre :

	PRESSION chaudière.	PRESSION cylindre.	Δ
13 Novembre 1868.......	5.950	5.694	0.256
14 » »	5.852	5.419	0.433
26 » »	5.939	5.592	0.347
Moyenne......	»	»	0.345

En opérant comme précédemment on trouve avec les données du 26 novembre

$$p_0 = 5.592 + 0.345 = 5.937, \quad \text{et } tra = 25468.3.$$

La différence entre ce travail et celui que l'on a pour

$$p_0 = 5.592 \quad \text{s'élève à } 25468.3 - 23990.1 = 1478.2$$

soit
$$\frac{1478.2}{23990.1} = 6\,\%.16.$$

Nous trouvons dans les tableaux de l'essai de la machine de MM. Wehrlin, Hofer et C$_{ie}$, tableaux déposés à la Société Industrielle de Mulhouse les chiffres suivants, pris pendant l'essai au frein.

HEURES.	PRESSION chaudière.	PRESSION cylindre.	Δ
XI 45............	5.441	4.510	0.631
— 47.	5.056	4.424	0.632
— 49............	4.935	4.330	0.605
— 53............	4.649	3.970	0.649
— 59............	4.361	3.827	0.534

Ces différences assez fortes proviennent de la longueur de la conduite et des nombreux coudes à angle-droit ; la perte de travail s'évaluerait comme nous l'avons fait. Lorsque nous ramenons à une même proportion les pertes de travail des machines nous ne tenons pas compte des déperditions de force qui ont lieu entre a chaudière et le cylindre, l'effet utile du volume de vapeur sera toujours estimé d'après la pression p_0 exercée par ctm^2 sur le piston.

2° PERTES DE TRAVAIL PAR LES ESPACES NUISIBLES.

Considérons deux machines de Woolf dans lesquelles la détente se fait dans le petit cylindre, au moyen d'une soupape mue par une came ; supposons que ces deux machines aient les mêmes diamètres et les mêmes courses de pistons, et qu'elles reçoivent la vapeur à la même pression p_0.

Nous supposerons que l'une d'elle n'ait aucun espace nuisible, ni dans le petit cylindre, ni dans le grand ; c'est-à-dire que le volume v_0 dépensé est égal au volume engendré par le piston pendant l'admission, et que la pression initiale de la vapeur sur le grand piston est égale à la pression finale sur le petit.

La seconde machine recevant la vapeur à la pression p_0 pendant la même fraction de course consommerait un volume $v_0 + v_{p_1} + v_{p_2}$,

v_{p_1} étant le volume de la boîte de distribution.

v_{p_2} le volume du conduit du petit cylindre plus l'espace de sûreté sous le petit piston.

Si nous prenons les deux machines dans ces conditions, l'une consommant v_0 l'autre $v_0 + v_{p_1} + v_{p_2}$ nous ne pouvons les comparer, α et α' n'étant pas les mêmes dans les deux cas, et la discussion générale a établi la grande influence de ces exposants sur le travail. Concevons deux machines utilisant par course le même volume de vapeur v_0; l'une d'elles le dépensant sans espaces nuisibles; l'autre recevant ce volume de la manière suivante : $1°$ dans les espaces nuisibles v_{p_1}, v_{p_2} ; $2°$ dans le cylindre v_0' tel que

$$v_0' + v_{p_1} + v_{p_2} = v_0$$

$$\text{ou } v_0' = v_0 - v_{p_1} - v_{p_2}.$$

Pour éviter des discussions compliquées qui cependant pourraient avoir un intérêt pratique, nous supposerons :

$$v_0' = v_0 - v_{p_1} - v_{p_2} > 0$$

Les deux machines admettant ainsi le même volume de vapeur, nous avons pour α et α' des valeurs identiques dans les deux cas et les causes d'erreur qui résulteraient des différences de ces exposants seront ainsi éliminées :

Nous avons déjà établi la formule (a) du travail d'une machine de Woolf.

$$\text{Tr} = p_0 v_0 + \frac{p_0 v_0^{\alpha}}{1 - \alpha} \left(v_n^{1-\alpha} - v_0^{1-\alpha} \right) + \frac{p_n v_u^{\alpha'}}{1 - \alpha'} \left(V_n^{1-\alpha'} - v_u^{1-\alpha'} \right) - V_u p_0$$

Comme nous comparons les *puissances absolues* d'un même volume de vapeur nous supprimons $V_n p_0$ et la formule peut s'écrire, en appelant α_1, et α_1' les exposants basés sur les espaces nuisibles :

$$(1) \quad \mathrm{Tr}_{abs} = p_0 v_0 + \frac{p_0 v_0}{1 - \alpha_1}\left(\left(\frac{v_0}{v_n}\right)^{\alpha_1 - 1} - 1\right) + \frac{p_n v_n}{1 - \alpha_1'}\left(\left(V_n{}^{1-\alpha_1'} - v_n{}^{1-\alpha'_1}\right)\right)$$

Cette formule (1) nous servira à évaluer la puissance absolue du volume v_0 dans la machine sans espaces nuisibles

$$p_n \text{ est alors } = p_0 \left(\frac{v_0}{v_n}\right)^{\alpha_1}.$$

Pour la seconde machine nous avons :

$$v_0 = v'_0 + v_{p_1} + v_{p_2}$$

et le travail recueilli sur le petit piston sera :

$$p_0 v'_0 + p_0 \left(\frac{v'_0 + v_{p_1} + v_{p_2}}{1 - \alpha_1}\right)\left(\left(\frac{v'_0 + v_{p_1} + v_{p_2}}{v_n + v_{p_1} + v_{p_2}}\right)^{\alpha_1 - 1} - 1\right)$$

$$\text{ou} \quad p_0 v'_0 + \frac{p_0 v_0}{1 - \alpha_1}\left(\left(\frac{v_0}{v_n + v_{p_1} + v_{p_2}}\right)^{\alpha_1 - 1} - 1\right)$$

$$\text{puisque} \quad v'_0 + v_{p_1} + v_{p_2} = v_0.$$

et la pression finale dans le petit cylindre sera

$$p_n' = p_0 \left(\frac{v_0}{v_n + v_{p_1} + v_{p_2}}\right)^{\alpha_1}$$

La vapeur se précipite alors dans les espaces nuisibles V_p entre les deux cylindres ; elle subit une perte de pression d'autant plus grande que V_p est plus considérable et passe ainsi du volume $v_n + v_{p_2}$ et de la pression p'_n au volume $v_n + v_{p_2} + V_p$ et à la pression $m'p'_n$, puis elle se détend dans le grand cylindre dans le rapport :

$$\frac{v_n + v_{p_2} + V_p}{V_n + v_{p_2} + V_p}$$

car v_{p_1} est exclu par le tiroir de distribution du petit cylindre et le travail ainsi rendu est :

$$m'\, p_{\mathrm{n}}' \left(\frac{v_{\mathrm{n}} + v_{p_2} + V_p}{1 - \alpha_1'} \left(\left(\frac{v_{\mathrm{n}} + v_{p_2} + V_p}{V_{\mathrm{n}} + v_{p_2} + V_p} \right)^{\alpha_1' - 1} - 1 \right) \right)$$

La puissance totale absolue du volume v_0 avec espaces nuisibles est donc :

$$(2) \qquad \mathrm{Tr} = p_0\, v_0' + \frac{p_0\, v_0}{1 - \alpha_1} \left[\left(\frac{v_0}{v_{\mathrm{n}} + v_{p_1} + v_{p_2}} \right)^{\alpha_1 - 1} - 1 \right]$$

$$+ \frac{m'\, p_{\mathrm{n}}' (v_{\mathrm{n}} + v_{p_2} + V_p)}{1 - \alpha_1'} \left[\left(\frac{v_{\mathrm{n}} + v_{p_2} + V_p}{V_{\mathrm{n}} + v_{p_2} + V_p} \right)^{\alpha_1' - 1} - 1 \right]$$

Si la machine n'a qu'un seul cylindre le troisième terme est supprimé et nos deux formules deviennent :

Sans espaces nuisibles :

$$(1) \qquad tra = p_0\, v_0 + \frac{p_0\, v_0}{1 - \alpha} \left(\left(\frac{v_0}{v_{\mathrm{n}}} \right)^{\alpha - 1} - 1 \right)$$

Avec espaces nuisibles :

$$(2) \qquad tr'\, a = p_0\, v_0 + \frac{p_0\, v_0}{1 - \alpha_1} \left(\left(\frac{v_0}{v_{\mathrm{n}} + v_{p_1} + v_{p_2}} \right)^{\alpha_1 - 1} - 1 \right)$$

Le coefficient m' par lequel nous multiplions le troisième terme de la formule (2) pour les machines à deux cylindres, s'obtient de la manière suivante :

La pression finale dans le petit cylindre

$$p_{\mathrm{n}}' = p_0 \left(\frac{v_0}{v_{\mathrm{n}} + v_{p_1} + v_{p_2}} \right)^{\alpha_1}$$

nous calculons la pression initiale dans le grand cylindre en partant de la première ordonnée de comparaison.

$$\frac{p'_{\mathrm{i}}}{p'_{\mathrm{m}}} = \left(\frac{v_{\mathrm{m}}}{v_{\mathrm{i}}} \right)^{\alpha'_{\mathrm{i}}}$$

p_{m} est l'ordonnée de comparaison, v_{m} est le volume correspondant, les espaces nuisibles compris, et v_{i} est le volume qu'occupe la vapeur au commencement de la course, c'est-à-dire

$$v_{\mathrm{n}} + v_{\mathrm{p}_2} + V_{\mathrm{p}} = v_{\mathrm{i}} \quad \text{et} \quad \frac{p'_{\mathrm{u}}}{p_{\mathrm{i}}} = m'$$

tel est le coefficient que nous avons introduit dans notre formule.

Ce rapport m' n'est pas le même que celui des volumes qu'occupe la vapeur à la fin de la course du petit piston et au commencement de la course du grand ; cela tient à une raison fort simple.

Nous avons substitué à nos courbes réelles deux autres donnant un travail équivalent et suivant une loi mathématique ; l'ordonnée finale du petit cylindre et l'ordonnée initiale du grand ne sont pas dans le même rapport que celles des courbes réelles qui nous ont permis de vérifier la loi de M. Hirn, dont il sera question plus loin.

L'application des formules précédentes nécessite, quant aux calculs, quelques précautions ; aussi donnerons-nous deux exemples :

L'un en introduisant dans les formules relatives aux machines à un seul cylindre les données de l'essai sur la machine à vapeur surchauffée de M. Hirn en 1864.

L'autre en appliquant aux équations des machines de Woolf les données des courbes correspondantes X, prises le 13 octobre sur la première machine de MM. N. Schlumberger et Cie.

Machine à vapeur surchauffée de M. Hirn.

Pour cette machine les données sont :

$$p_0 \text{ par Ctm}^2 = 4.201 , \quad v_0 = 0^{m3}1197$$
$$v_n = 0,489$$
$$v_{p_1} + v_{p_2} = 0,005$$

d'où
$$v_0' = v_0 - v_{p_1} - v_{p_2} = 0,1147$$

L'exposant α , calculé en tenant compte des espaces nuisibles est $\alpha_1 = 1,02$.

Puissance absolue du volume v_0 travaillant sans espaces nuisibles.

$$\text{tr} = p_0 . v_0 + \frac{p_0 \, v_0}{1 - \alpha_1} \left(\left(\frac{v_0}{v_n} \right)^{\alpha - 1} - 1 \right)$$

$$\text{tr} = 42010 \times 0.1197 + \frac{42010 \times 0.1197}{1.02 - 1} \left[\left(\frac{0.1197}{0.489} \right)^{1.02-1} - 1 \right]$$

$$\text{tr} = 5028.6 + 6989.8$$

$$\text{tr} = 12018.4 \text{ kilogrammètres par course.}$$

Puissance absolue du volume v_0 travaillant avec espaces nuisibles :

$$\text{tr}' = p_0 \, v_0' + \frac{p_0 \, v_0}{1 - \alpha_1} \left[\left(\frac{v_0}{v_n + v_{p_1} + v_{p_2}} \right)^{\alpha_1 - 1} - 1 \right]$$

$$\text{tr}' = 42010 \times 0^{m3}1147 + \frac{42010 \times 0.1197}{1.02 - 1} \left[\left(\frac{0.1197}{0.489 + 005} \right)^{102-1} - 1 \right]$$

$$\text{tr}' = 4818.5 + 7040$$

$$\text{tr}' = 11868.5 \text{ kgrm. par course.}$$

Perte par les espaces nuisibles :

$$\frac{12018.4 - 11858.5}{12012.4} = \frac{152.9}{12018.4} = 1 \,^0/_0 \, 33_5$$

Ici se présente une vérification de nos formules ; l'expression (2) donnent la puissance absolue du volume v_0 travaillant avec espaces nuisibles ; si nous en retranchons le travail de la contre-pression nous devons avoir le même nombre que celui qu'a donné l'essai fait en 1864 et qui est $125^{chx}, 04$.

Le travail de la contre-pression est

$$V_n \, p_c = 3150^k \times 0^{m3}489 = 15404$$

$$\text{tra}_{abs} \text{ avec espaces nuisibles} = 11858.5$$
$$- \quad 1540.4$$
$$\overline{10318.1}$$

En chevaux
$$\frac{10318.1 \times 2 \times 27^{tours}4545}{4500} = 125^{chx}9$$

Différence
$$125.9 - 125.04 = 0.86$$

soit
$$\frac{0.86}{125.04} = \frac{1}{145}$$

Nous comparerons par la suite toutes les pertes de travail à la puissance absolue de la machine ; celle-ci utilisant le volume de vapeur introduit v_0 sans espaces nuisibles ; cette manière d'opérer, la seule rationnelle, est aussi la seule qui nous permette de séparer les défauts inhérents à tel ou tel système, de ceux auxquels il est possible de remédier.

Comme second exemple nous prenons la machine Woolf de MM. N. Schlumberger et Cie, et nous appliquons la formule aux données des courbes correspondantes XV du 13 octobre 1868.

$$p_0 = 5^k403, \quad v_0 = 0^{m3}1026. \quad V_n = 1^{m3}145$$
$$\alpha_1 = 0.89, \quad v_{p_1} + v_{p_2} = 0.031 + 0.013 = 0.044$$
$$\alpha_1' = 0.84, \quad V_p = 0.061$$
$$v_0' = v_0 - v_{p_1} - v_{p_2} = 0.0586.$$

Le volume introduit v_0 est déduit de la relation.

$$\frac{p_0}{p_m} = \left(\frac{v_m}{v_0}\right)^{\alpha_1}$$

d'où
$$log.\ v_0 = log.\ v_m - \frac{log.\ p_0 - log.\ p_m}{\alpha_1}$$

p_m étant la première ordonnée de comparaison et v_m le volume total correspondant.

La pression finale p_m, est calculée comme nous l'avons dit plus haut et égale à 2 k.307.

Le travail sans espaces nuisibles est :

$$(1)\ \ Tr = p_0 v_0 + \frac{p_0 v_0}{1 + \alpha_1}\left[\left(\frac{v_0}{v_n}\right)^{\alpha_1 - 1} - 1\right] + \frac{p_n v_n}{1 - \alpha_1'}\left[\left(\frac{v_n}{V_n}\right)^{\alpha_1' - 1} - 1\right]$$

$$Tr = 54030 \times 0^{m3}1026 + \frac{54030 \times 0^{m3}1026}{1 - 0.89}\left[\left(\frac{0.1026}{0.263}\right)^{0.89-1} - 1\right]$$

$$+ \frac{25070 \times 0^{m3}243}{1 - 0.84}\left[\left(\frac{0.243}{1.145}\right)^{0.84-1} - 1\right]$$

$$Tr = 5543.5 + 5014.3 + 10718.1$$

$$Tr = 21275.9$$

et avec espaces nuisibles :

$$(2)\ \ tr = p_0 v_0' + \frac{p_0 v_0}{1 - \alpha_1}\left[\left(\frac{v_0}{v_n + v_{p_1} + v_{p_2}}\right)^{\alpha_1 - 1} - 1\right]$$

$$+ \frac{m' p_n' (v_n + v_{p_2} + V_p)}{1 - \alpha_1'}\left[\left(\frac{v_n + v_{p_2} + V_p}{V_n + v_{p_2} + V_p}\right)^{\alpha_1' - 1} - 1\right]$$

$$m' = 0.7084 \text{ et } p_n' = 2.164$$

$$\mathrm{tr} = 54030 \times 0^{m3}0586 + \frac{54030 \times 0^{m3}1026}{1 - 0.89}\left[\left(\frac{0.1526}{0.243+0.044}\right)^{0.89-1} - 1\right]$$

$$+ 0.7084 \times 21640 \times \frac{0.243+0.013+0.061}{1 - 0.84}\left[\left(\frac{0.243+0.013+0.061}{1.145+0.013+0.061}\right)^{0.84-1} - 1\right]$$

$$\mathrm{tr} = 3166.2 + 6037.4 + 7318.6$$

$$\mathrm{tr} = 16522.2.$$

Perte totale $\qquad 21275.9 - 16522.2 = 4753.7$

soit $\qquad \dfrac{4753.7}{21275.9} = 22\ \%\ 34.$

Le travail donné par les courbes est de $141^{chx}12$, celui de la formule (2) en retranchant la contre-pression

$$V_n\, p_c = 1.145 \times 3440 = 3824.3$$

devient $\qquad 16522.2 - 3824.3 = 12698$

et en chevaux $\qquad \dfrac{12698 \times 2 \times 25}{4500} = 141.1$

d'où il faut retrancher la perte due à l'écoulement de la vapeur du petit au grand cylindre et que nous établirons plus loin $= 0^{chx}85$, ce qui nous donne $\qquad 141.1 - 0.85 = 140.25$

Différence $\qquad 141.12 - 140.25 = 0,87$

soit $\qquad \dfrac{0.87}{141.12} = \dfrac{1}{162}$

Le tableau suivant contient les pertes par espaces nuisibles des autres machines.

Pertes des espaces nuisibles.

DÉSIGNATION des MACHINES.	p_o	p_n	p'_n	m'	α_1	α'_1	v_o	v'_o	v_n	V_n	$v_{p_1} + v_{p_2}$	V_p	Travail sans espaces nuisibles.	Travail avec espaces nuisibles.	Δ	%	Travail en chevaux-vapeur d'après la courbe.	Travail en chevaux-vapeur avec espaces nuisibles d'après la formule.	Δ	%
Mach. à vapeur surchauffée de M. Hirn	1.064	»	»	»	0.85	»	0.0604	0.0554	0.489	»	0.005	»	8467.2	8290.4	177.4	2.1	»	»	»	0.97
Machine de M. Hirn marchant avec vapeur humide	3.150	»	»	»	0.97	»	0.1237	0.1187	0.489	»	0.005	»	9364.8	9298.4	66.7	0.74	123.90	124.60	0.70	1/178
Machine horizont. W	1.112	»	»	»	0.77	»	0.0652	0.0402	0.462	»	0.025	»	9313.5	8507.0	806.5	8.66	»	»	»	»
Machine horizont. C	2.836	»	»	»	0.74	»	0.0444	0.0244	0.246	»	0.047	»	3663.6	3327.6	336.0	9.2	»	»	»	»
Machine NSC, 26 novembre 1868	5.592	2.843	2.439	0.6942	0.92	0.80	0.1465	0.0725	0.243	1.145	0.044	0.064	23990.1	18444.0	5576.1	23.24	158.94	158.60	0.30	1/530
Mach. retordage DMC	1.514	3.320	3.172	0.5066	1.26	0.69	0.2343	0.2233	0.2990	1.9960	0.011	0.205	38735.1	28183.7	10551.4	27.24	212.85	216.56	3.74	1/57

L'examen de ces pertes fait voir l'influence énorme des espaces nuisibles. Si elles ne sont que de 1,33 à 2,1 °/₀ dans la machine de M. Hirn, elles deviennent 9,2 °/₀ pour les autres à un seul cylindre et pour les systèmes de Woolf elles s'élèvent à 23,24 °/₀ et 27,24 °/₀.

Sans entrer maintenant dans une discussion au sujet de la valeur de ce dernier système de machines nous pouvons déjà avancer que ces pertes si considérables sont en partie atténuées par l'influence de phénomènes physiques qui améliorent le travail du volume de vapeur employé.

3° PERTE DE TRAVAIL PROVENANT DE L'ÉCOULEMENT DE LA VAPEUR DU PETIT AU GRAND CYLINDRE.

La différence de pression due à l'écoulement, est donnée par des mesures directes prises sur les courbes *correspondantes*; la partie inférieure du diagramme relevé sur le petit cylindre *correspond* à la partie supérieure de celui qui a été pris sur le grand.

Afin d'éviter les perturbations qui ont lieu au commencement de la course du grand piston et qui proviennent d'abondantes condensations au commencement de la course, nous comparons entre elles des ordonnées prises vers le milieu de la courbe, nous trouvons ainsi pour les différences moyennes des ordonnées y_{10}, y_{11}, y_{12} :

$$
\begin{array}{lr}
\text{Courbe I du 14 octobre} \ldots \ldots & 0^k\,025 \\
\text{—\quad II\quad —} \quad \ldots \ldots & 0.019 \\
\text{—\quad III\quad —} \quad \ldots \ldots & 0.018 \\
\hline
\Sigma \ = \ & 0.062 \\
\text{Moyenne} \ldots \ = \ & 0.0207
\end{array}
$$

$$\begin{aligned}
\text{Courbe VI du 13 octobre.} &\ldots\ldots\ldots & 0^{k}.020 \\
\text{— IX —} &\ldots\ldots\ldots & 0.033 \\
\text{— XIV —} &\ldots\ldots\ldots & 0.030 \\
\text{— XVII —} &\ldots\ldots\ldots & 0.018 \\
\text{— XVIII —} &\ldots\ldots\ldots & 0.025 \\
\text{— XIII —} &\ldots\ldots\ldots & 0.023
\end{aligned}$$

$$\Sigma = 0.149$$

$$\text{Moyenne} \ldots\ldots = 0.0248$$

et comme chiffre moyen : $\dfrac{0.0207 + 0.0248}{2} = 0^{kgr}0227.$

Ces opérations ont conduit à des vérifications remarquables des appareils de Watt. Deux indicateurs ont été employés simultanément; l'un a été fixé au haut du petit cylindre et l'autre au bas du grand, puis on a renversé leurs positions en mettant le premier à la place du second, et réciproquement. Les deux séries de résultats étaient très-bien d'accord.

On pourrait arriver par un calcul à déterminer approximativement cette perte de charge en s'appuyant sur les formules de l'écoulement des gaz, quoique ces formules ne puissent être appliquées sans modification à la vapeur humide, d'après la théorie mécanique de la chaleur. Nous voulons seulement faire voir qu'en interprétant exactement les faits, les équations suivantes peuvent dans un cas donné, conduire facilement à des résultats suffisamment approchés pour la pratique.

Les deux pistons étant au milieu de leur course, la vapeur qui passe du petit au grand contient 45 °/₀ 33 *de son voids* à l'état de brouillard, la densité du mélange est pour les courbes du 26 novembre $\Delta = 0{,}713$. (Voir chap. III).

Les pertes qu'occasionne le mouvement de la vapeur sont :

1° Celle due à la variation de vitesse du petit au grand cylindre

$$\frac{\Delta}{2g}\left(v_n^2 - v_0^2\right)$$

2° Celle qui provient de la contraction de la veine à l'entrée de la umière

$$\frac{\Delta}{2\,g}\left(\frac{u}{0,63} - u\right)^2$$

u étant la vitesse moyenne dans le conduit.

3° Celle qui résulte du frottement de la vapeur dans les lumières.

$$0.00028\,\Delta\,u^2\,L\,\frac{\lambda}{a}$$

L est la longueur de la lumière, λ son périmètre ; sa section est a.

4° Celle qui vient de l'élargissement de la conduite à l'entrée dans le grand cylindre où la vitesse u devient v_n.

$$\frac{\Delta}{2\,g}\,(u - v_n)^2$$

Les données sont tirées de l'essai du 26 novembre.

$$\Delta = 0.713 \qquad L = 3^m$$
$$u = 63.7 \qquad \alpha = 0.750$$
$$v_n = 2.38 \qquad a = 0^m0187$$
$$v_o = 1.81$$

La différence de pression du petit au grand cylindre par mètre carré est de 285 k. au lieu de 227 fournis plus haut par la moyenne des courbes ; l'erreur de $285 - 227 = 58$ k. ou 0 k. 0058 par centimètre carré, rentre du reste dans celles que nous avons constatées sur les courbes elles-mêmes.

Le travail de cette perte de charge est une résistance sous le petit piston que nous avons évaluée pour la courbe XIV du 13 octobre à

$$v_n\,p' = \frac{285 \times 0.243 \times 2T}{4500} = 0^{chx}81$$

Nous pouvons classer ces différentes pertes dont la somme $= 285^k$, suivant leur importance.

La plus forte résulte de la diminution de vitesse à l'entrée du grand cylindre.

$$\frac{\Delta}{2\,g}\,(u - v_{\mathrm{n}})^2 = 136^{\mathrm{k}\cdot 49}$$

puis vient celle du frottement :

$$0.00028\ \Delta\ u^2\ \mathrm{L}\ \frac{\lambda}{a} = 97^{\mathrm{k}\cdot 49}$$

celle due à la contraction de la veine :

$$\frac{\Delta}{2\,g}\left(\frac{u}{0.63} - u\right)^2 = 50^{\mathrm{k}\cdot 82}$$

enfin la dernière qui est négligeable a pour cause les différences de vitesse entre les deux pistons.

$$\frac{\Delta}{2\,g}\,(v_{\mathrm{n}}^2 - v_{\mathrm{o}}^2) = 0^{\mathrm{k}\cdot 087}.$$

4° PERTE DE TRAVAIL ENTRE LE CYLINDRE ET LE CONDENSEUR.

La contre-pression de la vapeur sous le piston est fournie par la partie inférieure des courbes ; le vide dans le condenseur par un manomètre.

Les calculs étant analogues pour toutes les machines , nous donnerons comme exemple , la machine de M. Hirn. Les données sont prises dans le rapport sur les essais entrepris en 1864. Contre-pression sur le piston $= 0{,}315$ travail $v_{\mathrm{n}}\ p_{\mathrm{c}} = 3150 \times 0{,}489 = 1540{,}4$. En comparant à la puissance absolue sans espaces nuisibles , la perte est

$$\Sigma = \frac{1540.4}{12018.4} = 12.82\ \%$$

Contre-pression dans le condenseur $p_{\mathrm{c}}' = 0.1258$

Travail $\qquad v_n\, p_c' = 615$

Perte $\qquad \dfrac{615}{12018.4} = 5\,{}^o/_o\,12$

Perte entre le cylindre et le condenseur :

$$12.82 - 5.12 = 7\,{}^o/_o\,7$$

Le tableau suivant renferme les résultats de calcul de quelques autres machines.

	Pressions sous le piston.	Pressions dans le condenseur.	PERTE par contre-pression sous le piston.	PERTE par contre-pression dans le condenseur.	DIFFÉRENCE.
			$^o/_o$	$^o/_o$	$^o/_o$
Machine de M. Hirn sans sur-chauffe....................	0.435	0.446	22.72	7.62	15.10
Machine horizontale W.	0.389	0.409	19.29	5.44	13.88
Machine horizontale C..... ...	0.345	0.402	20.34	6.04	14.33
Machine Woolf de MM. N. Schlumberger et Cie, courbe XV du 13 octobre....................	0.344	0.0540	18.51	2.90	15.61
Même machine, courbe moyenne, du 26 novembre.............	0.366	0.054	17.48	2.58	14.90
Machine Woolf, du retordage, de MM. Dollfus-Mieg	0.253	0.115	13.03	5.93	7.10

Comme on le voit d'après ce tableau le travail perdu par suite de la contrepression dans le condenseur se maintient entre les deux limites de $2.58\,{}^o/_o$ et $7.62\,{}^o/_o$; encore ce dernier chiffre a-t-il été obtenu sur une machine à vapeur surchauffée, employant de la vapeur humide. Le condenseur dans ce dernier cas était trop petit.

Avec un condenseur convenablement construit on peut très-facilement maintenir cette perte dans les limites de 3 %. Entre le cylindre et le condenseur les pertes s'élèvent de 7.10 % jusqu'à 15.64 % , elles sont dues aux orifices qui n'offrent pas une section suffisante au passage de la vapeur qui s'écoule au condenseur ou à la faible avance à l'échappement , ainsi qu'à l'évaporation de l'eau présente dans la vapeur à la fin de la course du piston. Cette dernière cause sera traitée dans le deuxième chapitre.

C'est un inconvénient auquel il est facile de remédier; en raisonnant bien un projet de machine , on peut ne perdre que 7 % de la puissance absolue comme cela a lieu pour la machine Woolf du retordage de MM. Dollfus Mieg , et pour la machine à vapeur surchauffée de M. Hirn.

Pour cette dernière nous tenons à faire remarquer que lorsque l'on emploie la vapeur humide les orifices deviennent insuffisants et la perte s'élève à 15 % ainsi que le prouve l'essai du 25 août 1870.

5° PERTE DE TRAVAIL PROVENANT DU FROTTEMENT DE LA MACHINE.

Le travail effectué sur les pistons par un volume donné de vapeur , subit une certaine diminution depuis les cylindres jusqu'au premier arbre moteur auquel l'on applique généralement le frein ; cette différence est absorbée par le frottement des organes de la machine.

Elle est variable , mais dans des limites très-rapprochées ; elle dépend du travail de la vapeur sur les pistons et augmente très-faiblement avec ce travail ; nous pouvons en évaluer exactement la valeur pour une machine marchant à vide (1).

La machine fait un nombre de tours T par minute ; on ferme brusquement le robinet de prise de vapeur ; le volant, en vertu de la vitesse acquise , continue son mouvement et ne s'arrête qu'au bout

____

(1) Voir le rapport sur l'essai de la machine de M. Hirn.

d'un certain temps t ; nous avons alors un système animé d'un mouvement de rotation passant de la vitesse angulaire w_0 à w_n il absorbe un travail donné par la formule

$$\Sigma \; tr = \Sigma \; {}^1\!/_2 \, \mathrm{I} \; (w_n{}^2 - w_0{}^2)$$

dans laquelle $w_n = 0$.

Ce travail résistant des pièces, pendant la marche à vide est pour la machine de M. Hirn de 9^{chx}, 18.

Il peut être aussi évalué de la manière suivante :

On débraye le pignon de manière à ce que la machine tourne à vide à sa vitesse normale, le robinet de prise de vapeur étant ouvert de la petite quantité voulue, pour entretenir le mouvement à l'état uniforme.

L'on relève des diagrammes qui donnent la valeur du travail des résistances passives. En opérant ainsi nous avons trouvé pour la même machine de M. Hirn, sur une moyenne de 4 courbes 7^{chx}, 81 au lieu de 9,18. Ces deux essais ayant été faits à cinq années d'intervalle, la différence peut être attribuée au plus ou moins de serrage des presse-étoupes, des cercles de piston, des clavettes, etc., comme nous le verrons plus loin pour 2 machines de MM. N. Schlumberger et Cie, où nous trouvons aussi des différences de un cheval.

Nous avons appliqué la même formule

$$\Sigma \; tr = \Sigma \; {}^1\!/_2 \, \mathrm{I} \; (w_n{}^2 - w_0{}^2)$$

à d'autres machines ; voici les résultats de nos observations :

Machine Woolf de MM. N. Schlumberger et Cie,
construite par M. André Kœchlin.

7 janvier 1867. Travail absorbé.	13^{chx}12
24 — 1867. —	13 60
18 mars 1868. —	12 97
20 — 1868. —	13 04
6 avril 1868. —	13 11

pour un travail indiqué de 110^{chx} environ.

Machine Woolf de MM. N. Schlumberger et Cie,
construite par M. Stehelin.

9 janvier 1867. Travail absorbé. . . . . . $10^{chx}55$
12 — 1867. — 11 41
9 mars 1867. — 10 40

pour un travail indiqué de 100^{chx} au minimum.

Machine horizontale de MM. Bourcart, à Guebwiller.

Le calcul par le volant nous donne 5 chevaux absorbés par les résistances ; la machine fonctionnant à 69^{chx}, 8.

Par la différence entre le travail accusé par le frein et celui qui est donné par les diagrammes, j'ai trouvé 11^{chx} pour la machine de M. Hirn, alors qu'elle fournissait 120^{chx} indiqués. Celle du retordage de MM. Dollfus-Mieg absorbe 20^{chx}, 7 pour l'ensemble de ses résistances passives. — Mais les frottements augmentent légèrement par suite de pressions plus considérables qui s'exercent aux différentes articulations.

Ainsi que nous l'avons déjà dit plus haut, on évaluait jusqu'à présent le travail des machines au moyen d'une formule inexacte ; le résultat obtenu était multiplié ensuite par un coefficient qui variait de 0,30 à 0,65 ; nous sommes en mesure de donner ce que l'on peut appeler le véritable coefficient de rendement des moteurs à vapeur. Le travail utile est recueilli sur le pignon, on doit donc diminuer celui qui est relevé sur les pistons de la quantité constante, absorbée par les frottements, et qui est environ de 10 % de la force nominale ; les machines rendent donc *toutes* 90 % environ du travail théorique.

§ VI. VÉRIFICATION EXPÉRIMENTALE D'UNE LOI DE THERMODYNAMIQUE.

Un grand nombre de diagrammes relevés sur la machine de MM. N. Schlumberger et Cie me permet de vérifier expérimentalement un principe de thermodynamique établi par M. Hirn (1).

(1) Voir théorie mécanique de la chaleur par G.-A. Hirn, 2e édition, page 180.

Ce théorème peut parfaitement se passer d'une vérification au point de vue de la théorie mécanique de la chaleur, mais comme trop souvent les principes scientifiques sont repoussés systématiquement, je crois qu'il est bon de les mettre hors de doute par tous les moyens possibles. D'un autre côté la concordance de ces expériences avec le théorème de M. Hirn, établira sur le terrain scientifique l'exactitude des données de l'indicateur de Watt ainsi que la valeur de mes idées au sujet des condensations dans les cylindres ou les enveloppes, et l'absence de fuites par les pistons et les tiroirs, dont il sera question dans le chapitre suivant.

Le principe de M. Hirn peut s'énoncer ainsi :

« Lorsqu'une vapeur surchauffée ou saturée, mais sèche, passé
» brusquement et sans rendre de travail externe de la pression ini-
» tiale p_0 à une autre finale p_n son volume, grandit toujours dans
» le rapport

$$\frac{p_0}{p_n} = \frac{v_n}{v_0}$$

On est donc tenté de dire que c'est la loi de Mariotte qui régit le phénomène (1) ; ce principe peut encore s'énoncer à l'inverse comme suit :

» Lorsqu'une vapeur surchauffée ou saturée, mais sèche, passe
» brusquement et sans rendre de travail externe du volume v_0 au
» volume v_n, sa pression diminue toujours dans le rapport

$$\frac{p_0}{p_n} = \frac{v_n}{v_0}$$

(1) *Note de M. Hirn.* Ce n'est la loi de Mariotte qu'en apparence. Cette loi en effet ne pose

$$\frac{p_0}{p_1} = \frac{v_1}{v_0}$$

que pour $t = $ const. Pendant l'expansion brusque de la vapeur de p_0 à p_n sans travail externe, il y a toujours chute de température, et c'est précisément là ce qui fait la singularité du rapport

$$\frac{p_0}{p_n} = \frac{v_n}{v_0}$$

Si la vapeur dans les moteurs industriels était surchauffée ou saturée, mais sèche, cette loi devrait se vérifier dans les machines de Woolf dans lesquelles la vapeur qui remplit le petit cylindre à la fin de la course, se précipite dans les espaces nuisibles entre les deux pistons.

Il est vrai que dans la machine de MM. N. Schlumberger et Cie, la vapeur est loin d'être sèche, puisque j'ai constaté à la fin de la course du petit piston 26% 73 (^{1}) d'eau ; mais on verra, ainsi qu'il est facile de le prévoir, qu'une proportion d'eau plus ou moins grande n'a presque pas d'influence sur la pression finale.

Voici comment j'ai opéré. Parmi toutes les courbes du petit cylindre de la machine de MM. N. Schlumberger et Cie (^{2}), j'ai choisi 24 des mieux tracées, celles surtout dans lesquelles la branche inférieure se détache franchement et à angle vif de la ligne verticale qui termine le diagramme à l'extrémité de la course. J'ai mesuré avec le plus grand soin les ordonnées finales correspondantes $y_{24} = p_0$ et $y'_{24} = p_n$ et par la comparaison des pressions j'ai trouvé effectivement pour des limites très-étendues entre lesquelles les pressions finales ont varié, que

$$\frac{p_0}{p_n} = \frac{v_n + v_p}{v_n + v_p + V_p}$$

$v_n = 243^l$ étant le volume engendré dans une course par le petit piston, $v_p = 13^l$ les espaces nuisibles réunis du petit cylindre depuis le tiroir et $V_p = 61^l$ l'espace nuisible total entre le petit piston et le grand piston.

(^{1}) Voir l'étude des effets de l'enveloppe de cette machine dans le IIIe chapitre.

(^{2}) On ne peut se servir de la pression initiale dans le grand cylindre pour deux raisons. En premier lieu, il y a une petite perte de charge entre les deux cylindres ; elle correspond à toutes les pertes de travail que coûte l'écoulement de la vapeur ; en second lieu, la condensation qui se produit à l'entrée de la vapeur dans le grand cylindre produit un trouble d'où il résulte un tracé peu exact de cette partie des diagrammes relevés sur le grand cylindre.

Je donnerai dans le tableau suivant les résultats de mes recherches.

DATES ET NUMÉROS DES DIAGRAMMES.	p_{21} kilog. par ctm²	p'_{21} kilog. par ctm²	$\dfrac{p'_{21}}{p_{21}}$	RAPPORT $\dfrac{v_n + v_p}{v_n + v_p + V_p}$	Δ +	Δ —
1 8 6 8						
1. 12 juin	0.536	0.447	0.834	»	»	0.026
2. 12 juin	0.593	0.468	0.789	»	0.049	»
3. 18 juin	0.646	0.544	0.837	»	»	0.029
4. 19 juin	0.790	0.644	0.844	»	»	0.003
5. 20 juin	0.740	0.649	0.836	»	»	0.028
6. 20 juin	0.843	0.680	0.836	»	»	0.028
7. 20 juin	0.826	0.674	0.816	»	»	0.008
8. 22 juin	1.033	0.805	0.779	»	0.029	»
9. 27 juin	0.920	0.774	0.838	»	»	0.030
10. 27 juin	0.934	0.750	0.803	»	0.005	»
11. 28 juin	2.044	1.687	0.826	0.808	»	0.048
12. 7 juillet	1.564	1.304	0.833	»	»	0.025
13. 9 juillet	1.820	1.505	0.827	»	»	0.049
14. 9 juillet	0.792	0.659	0.832	»	»	0.024
15. 28 août.	2.083	1.584	0.779	»	0.029	»
16. 13 octobre VI . .	1.899	1.482	0.780	»	0.028	»
17. 13 octobre XI . .	2.002	1.584	0.794	»	0.047	»
18. 13 octobre XII . .	1.513	1.238	0.848	»	»	0.040
19. 13 octobre XIV .	2.387	1.939	0.842	»	»	0.004
20. 13 octobre XV . .	2.253	1.813	0.805	»	0.003	»
21. 13 octobre XVI .	2.277	1.813	0.796	»	0.012	»
22. 13 octobre XVII .	2.264	1.805	0.798	»	0.010	»
23. 13 octobre XVIII.	2.545	1.986	0.780	»	0.028	»
24. 14 octobre IV . .	2.435	1.939	0.796	»	0.012	»
SOMMES	35.650	28.734	19.452	»	0.192	0.252
MOYENNES	1.485	1.197	0.8105	»	»	»

Le minimum de la pression est $0^{kgr}536$ et le maximum $2^{kgr}545$

par *ctm²*. Le rapport de la pression la plus forte à la pression la plus faible est égal à

$$\frac{2.545}{0.536} = 4.748$$

et le plus grand écart est de : $\frac{0.030}{0.808} = 3.7\ ^0/_0$

l'erreur relative moyenne : $\frac{0.8105 - 0.808}{0.808} = \frac{0.0025}{0.808} = 0.3\ ^0/_0$

Il n'est pas facile d'obtenir beaucoup de diagrammes sur une machine de Woolf dans les conditions voulues pour vérifier le principe de M. Hirn.

Avant tout, il faut que la distribution soit réglée du côté de l'échappement au grand cylindre de telle sorte qu'il y ait très-peu d'avance. La compression provenant d'un retard à l'échappement rendrait la vérification impossible.

Dans certaines machines les éléments du tiroir, ses recouvrements intérieurs et extérieurs ainsi que sa course sont tels qu'il est absolument impossible de réaliser les conditions nécessaires à une vérification du théorème de M. Hirn.

En raison de la grande sensibilité des quatre indicateurs de Watt dont je disposais, il a fallu porter beaucoup d'attention au montage des appareils eux-mêmes ; ils doivent être vissés très-solidement dans les ajutages fixés dans les couvercles des cylindres. De plus, dans une machine dont le travail est irrégulier, les ébranlements du cylindre et des organes essentiels du moteur sont cause que le piston de l'indicateur est toujours dans un état d'équilibre très-instable. Enfin, si les fondations de la machine sont peu solides, il est à peu près impossible d'arriver à des diagrammes convenables.

Si je donne seulement l'analyse de vingt-quatre courbes dans le tableau précédent, cela tient à ce que sur des centaines de diagrammes relevés la plupart, il est vrai dans un autre but, je n'en ai pas trouvé un nombre très-considérable dans lesquelles l'extrémité de la courbe supérieure et celle de la courbe inférieure arrivaient à angle vif à la ligne verticale qui termine le diagramme.

Pour éviter des erreurs, j'ai écarté toutes les courbes bien tracées sous d'autres rapports, mais dans lesquelles la rencontre de cette ligne verticale avec les deux branches du diagramme se faisait par des arrondis.

Quand la distribution de la machine n'est pas bien réglée ou quand il y a des trépidations dans les principaux organes, ces arrondis se produisent toujours et alors il est impossible de mesurer avec précision les pressions finales p_{21} et p'_{21}.

L'inspection du tableau apprend que le principe de M. Hirn est vérifié avec une approximation remarquable et entre des limites extrêmement éloignées pour les pressions p_{21}. Il est vrai que la vapeur n'est ni surchauffée ni même sèche puisque d'après le tableau que l'on trouvera dans le 3ᵉ chapitre, je constate la présence à la fin de la course du petit piston de plus de 26 °/₀ d'eau pour la journée du 26 novembre 1868. Dans ces conditions mes expériences ne prouveraient rien comme vérification expérimentale du théorème de M. Hirn, pas plus qu'il ne serait permis d'en conclure que les données de l'appareil de Watt méritent beaucoup plus de confiance qu'on n'est porté généralement à leur en accorder.

Pour ne laisser aucun doute, je traiterai la question plus sérieusement afin de savoir si la présence de l'eau a réellement une influence appréciable sur le rapport $\dfrac{p'_{21}}{p_{21}}$ ou si la quantité d'eau renfermée dans la vapeur diminue sensiblement pendant qu'elle se précipite brusquement dans les espaces nuisibles du grand cylindre. Sans aller bien loin, je pourrais dire en m'appuyant sur le § III, que les quantités d'eau entraînée, l'eau qui se condense dans l'enveloppe et celle qui s'évapore dans le petit cylindre sont variables avec le travail rendu par la machine. La quantité d'eau présente à la fin de la course dépend directement de α; et comme dans nos 24 courbes le travail et α ont éprouvé de grandes variations sans que pour cela la loi ait cessé de se vérifier, je suis autorisé à conclure que le rapport $\dfrac{p'_{21}}{p_{21}}$ n'est guère influencé par la proportion d'eau plus ou moins grande. Ceci posé, j'exagère peut-être un peu la proportion d'eau présente dans le cylindre en appliquant à la moyenne des pressions des 24 courbes du tableau celle de l'eau renfermée dans la vapeur à la fin de la course du petit piston. (voir au III° chapitre le tableau des proportions d'eau pendant la journée du 26 novembre 1868 qui donne une moyenne de 26 °/₀ 73).

Examinons maintenant la question de plus près au point de vue de la théorie mécanique de la chaleur.

Considérons un kilogramme de mélange de vapeur et d'eau ; soit m_1 le poids de vapeur correspondant à p_{21} ; $1-m_1$ sera le poids de l'eau sous forme liquide ou vésiculaire. Appelons encore m_n et $(1-m_n)$ les poids de vapeur et d'eau qui existent après la brusque détente dans les espaces nuisibles du grand cylindre ; soit encore, conformément aux notations adoptées t_1 et t_n les températures correspondantes aux pressions p_{21} et p'_{21} ; λ_1 et λ_n les quantités de chaleur totales nécessaires pour transformer un kilogramme d'eau pris à $0°$ en vapeur sous ces pressions et ces températures ou

$$\lambda_1 = (606\ 5 + 0.305\ t_1)$$
$$\lambda_n = (606\ 5 + 0.305\ t_n)$$

Enfin désignons encore par $Ap_1\,u_1$ et $Ap_n\,u_n$ les quantités de chaleur disparues pendant la vaporisation. On aura ainsi pour les chaleurs internes totales :

$$J_1 = m_1\,(\lambda_1 - Ap_1\,u_1) + (1 - m_1)\int_0^{t_1} cdt$$
$$J_n = m_n\,(\lambda_n - Ap_n\,u_n) + (1 - m_n)\int_0^{t_n} cdt$$

ou bien :

$$J_1 = m_1\,(\lambda_1 - Ap_1\,u_1) + (1 - m_1)\,q_1$$
$$J_n = m_n\,(\lambda_n - Ap_n\,u_n) + (1 - m_n)\,q_n$$

Comme il n'y a pas de travail externe rendu et que le mélange de vapeur et d'eau se détend brusquement pendant une fraction de temps extrêmement petite (les diagrammes n'indiquent pas une fraction de temps appréciable, car la ligne qui termine le diagramme est perpendiculaire à la ligne atmosphérique) il n'y a pas non plus gain ou perte de chaleur par les parois ; on aura donc :

$$J_I = J_n$$

soit $\quad m_I \left(\lambda_I - Ap_I\, u_I\right) + \left(1 - m_I\right) q_I = m_n \left(\lambda_n - Ap_n\, u_n\right) + \left(1 - m_n\right) q_n$

Mais le 26 novembre 1868, j'ai trouvé par la moyenne de 49 courbes qu'à la fin de la course du petit piston de la machine de MM. N. Schlumberger et Cie, il y a 26.73 $\%$ ou 0,267 3 $= 1 - m_I$ par suite, $m_I = 1 - 0,2673 = 0,7327$ de vapeur. Puis les pressions moyennes de mes 24 courbes du tableau précédent donnent :

$$p_{2I} = 1.485 \qquad p_{2I}' = 1.197$$

pour ces deux valeurs on a :

$$
\begin{array}{ll}
t_{2I} = 110.44 & t_{2I}' = 104.12 \\
\lambda_I = 640.184 & \lambda_n = 638.257 \\
Ap_I\, u_I = 41.054 & Ap_n\, u_n = 40.54 \\
q_I = 111.09 & q_n = 104.68 \\
\lambda_I - Ap_I\, u_I = 599.130 & \lambda_n - Ap_n\, u_n = 597.72
\end{array}
$$

Résolvons l'équation :

$$m_I \left(\lambda_I - Ap_I\, u_I\right) + \left(1 - m_I\right) q_I = m_n \left(\lambda_n - Ap_n\, u_n\right) + \left(1 - m_n\right) q_n$$

par rapport à m_n :

$$m_n = \frac{m_I \left(\lambda_I - Ap_I\, u_I\right) + \left(1 - m_I\right) q_I - q_n}{\lambda_n - Ap_n\, u_2 - q_n}$$

$$= \frac{0.7327 \left(599.13\right) + 0.2673 \times 111.09 - 104.68}{597.72 - 104.68} = 0.7383$$

donc $1 — m_n = 0,2617$ soit 26,17 % d'eau après la détente brusque au lieu de 26,73 % qu'il y avait avant, ou 26,73 % — 26,17 % $= 0,56$ % de moins. Il y a donc peu d'évaporation sensible pendant que la vapeur se précipite dans les espaces nuisibles du grand cylindre. Calculons maintenant les volumes V_1 et V_n occupés par le mélange de vapeur et d'eau avant et après la détente dans les espaces nuisibles. Le volume spécifique de la vapeur saturée à

$$p_{21} = 1.482 \quad \text{est} \quad u_1 = 1^{m3}1734$$

à $\qquad p_{21}' = 1.197$ il est $u_n = 1 \ 4389$

Donc les volumes V_1 et V_n, en tenant compte de celui qui est occupé par l'eau, sont :

$$V_1 = 0.7327 \times 1.1734 + 0\ 001 \times 0.2673$$
$$V_n = 0.7327 \times 1.4389 + 0.001 \times 0.2617$$
$$V_1 = 0.85984 + 0.000267$$
$$V_n = 1.06241 + 0.000262$$

Si mes observations sont exactes, je dois trouver

$$\frac{V_1}{V_1} = \frac{v_n + v_p}{v_n + v_p + V_p} \ ;$$

or le premier de ces rapports est $= 0,8093$, le deuxième d'après le tableau précédent $= 0,808$ et la moyenne du rapport des pressions dans le même tableau $= 0,8105$. Cette concordance est remarquable, surtout si l'on réfléchit au grand nombre d'observations diverses dont elle est la conséquence. Elle prouve, à mon avis, que les résultats scientifiques déduits d'un grand nombre de diagrammes relevés avec des indicateurs de Watt bien sensibles offrent tout autant de garanties que nos instruments de physique les plus délicats. En second lieu, elle viendra à l'appui des idées qui seront avancées dans les chapitres suivants au sujet des condensations dans les cylindres et de la parfaite étanchéité des pistons convenablement entretenus.

(N.-B.) On voit par les équations précédentes que le volume occupé par l'eau est une quantité tout-à-fait négligeable ; c'est pourquoi je n'en tiens pas compte dans tous les calculs qui suivent.

RECHERCHES

EXPÉRIMENTALES ET ANALYTIQUES

SUR LES MACHINES A VAPEUR.

CHAPITRE II.

MÉMOIRE

Présenté à la Société Industrielle du Nord de la France.

Par M. G. LELOUTRE.

Extrait du Bulletin N° 6 de la Société Industrielle du Nord de la France.

RECHERCHES

EXPÉRIMENTALES ET ANALYTIQUES

SUR LES MACHINES A VAPEUR.

Par M. G. LELOUTRE.

CHAPITRE II.

FUITES A TRAVERS LES PISTONS OU CONDENSATIONS DANS LES CYLINDRES ?

En relevant rigoureusement la dépense de vapeur par le jaugeage de l'eau d'alimentation, il est impossible de faire concorder le poids de vapeur dépensée par coup de piston avec celui que l'on obtient par le calcul.

En effet, si l'on multiplie le volume qu'engendre le piston pendant l'admission, par la densité de la vapeur supposée saturée à la pression de la chaudière, de l'enveloppe ou du cylindre, on aura un résultat beaucoup plus petit que celui qui résulte d'un jaugeage direct. Le désaccord entre le poids de vapeur observé et celui que donne le calcul ne subsiste pas moins, même lorsqu'on tient compte des espaces nuisibles et que l'on admet une très-forte proportion d'eau entraînée ; en d'autres mots, le poids de vapeur observé est quelquefois le double de celui que l'on obtient par le calcul. C'est ce que j'ai déjà eu l'occasion de constater sur l'essai entrepris en 1864 sur la machine de M. Hirn, et notamment sur celui de la machine de MM. Wehrlin, Hofer et Cie à Mulhouse, et sur un grand nombre d'autres moteurs.

Ces comparaisons ont été faites certainement depuis longtemps par beaucoup d'Ingénieurs. On pourrait commodément se tirer d'embarras en exagérant la proportion d'eau entraînée ou bien en supposant des fuites énormes à travers les tiroirs et les pistons.

On a sans doute songé au refroidissement que subit la vapeur au contact des parois du cylindre, du piston et de la tige, et MM. Hirn et Combes ont depuis longtemps énoncé cette manière de voir ; mais on n'aurait jamais adopté que les 50 % de la vapeur admise dans nos moteurs se condensent dans le cylindre ou dans l'enveloppe et que les parois absorbent instantanément le calorique rendu libre, pour le restituer tout aussi rapidement pendant la détente et la condensation.

Dans mon rapport sur les essais de la machine de M. Hirn (1) je me suis trouvé en face de la contradiction qui vient d'être signalée au début de ce chapitre.

Puis la même difficulté s'est présentée pour la machine de MM. Wehrlin, Hofer et Cie, dans un essai qui a été entrepris au commencement de 1865.

L'idée des fuites par les tiroirs et le piston s'est offerte à moi comme une explication plausible du désaccord signalé ; je ne l'ai pourtant présentée qu'avec les plus grandes réserves ; voici ce qui a été dit à l'avant-dernière page du rapport sur la machine de M. Hirn.

« Il conviendrait encore de parler ici des fuites autour du piston.
» Nous avons étudié cette question importante sur la machine de
» M. Hirn, sur celle de MM. Wehrlin, Hofer et Cie et plus récemment
» sur plusieurs autres. Il y a de sérieuses économies à réaliser de ce

(1) Rapport sur la machine à vapeur surchauffée de M. Hirn. (Bulletin de la Société Industrielle de Mulhouse, avril et mai 1867).

(2) Bulletin de la Société industrielle de Mulhouse, avril et mai 1867.

» côté. La perte de vapeur provenant des fuites est très-considérable.
» Au premier abord nous avons cru que la vapeur surchauffée,
» moins dense et plus subtile que la vapeur saturée, doit favoriser
» ces fuites ; il n'en est pas ainsi d'après des comparaisons sur la
» machine de M. Hirn avec plusieurs autres. *Cette question est*
» *très-épineuse, et de nouvelles et longues recherches sont*
» *nécessaires pour la traiter en connaissance de cause.* Nous
» appelons en attendant la sérieuse attention des constructeurs sur
» ce point, en nous proposant de revenir bientôt sur cette partie de
» nos observations. »

Malgré des réserves aussi formelles, on a fait trop d'honneur à
l'auteur de ces lignes, en s'emparant de son idée, et je sais qu'après
examen de diagrammes, on a tendu les segments des pistons de quelques machines et on a cru avoir ainsi obtenu une notable économie
de combustible.

S'il y a eu économie, elle provenait d'autres causes inaperçues, ou
bien il faut que les pistons se soient trouvés dans un état pitoyable,
et dans ce cas on aurait pu les visiter immédiatement avant de
prendre des courbes à l'indicateur de Watt ; car après tout, il n'est
pas aussi facile que l'on pourrait le croire, de constater sûrement
les fuites par la seule inspection des diagrammes. Il faut pour
cela d'autres données d'observation ; ces diagrammes doivent être
relevés non-seulement sur les cylindres eux-mêmes aux deux côtés
du piston, mais en même temps sur le tuyau d'arrivée de la vapeur
et la boîte de distribution; on compare alors les pressions observées.
Ce moyen m'a réussi il y a sept ans sur une des machines de MM. N.
Schlumberger à Guebwiller.

Je ne conteste nullement qu'il y ait des fuites dans un grand
nombre de machines mal entretenues ; elles ont lieu plus souvent par
les tiroirs, quand la table de distribution ou celle des orifices est
mal conçue, ou lorsque le tiroir est guidé trop juste latéralement ;
très-souvent aussi elles ont lieu par les masticages des enveloppes.

Les fuites sont d'ailleurs faciles à constater par un moyen extrêmement simple que j'ai souvent employé avec succès. Il consiste à appliquer l'extrémité d'une tige métallique contre le tuyau d'échappement, de serrer l'autre extrémité entre les dents ; en fermant hermétiquement les oreilles, on perçoit ainsi un bruit *sec* lorsque la vapeur se précipite au condenseur, le tiroir et le piston étant en bon état ; le bruit est tout autre lorsque la vapeur fuit à travers ces organes et avec un peu d'habitude il est impossible de s'y tromper.

Enfin dans le cas où les pertes de vapeur sont considérables on les constate facilement en maintenant la machine en repos ; en passant à travers les bras du volant une forte barre et en introduisant avec précaution la vapeur dans les cylindres on voit les fuites au tuyau d'échappement et aux robinets graisseurs ou purgeurs.

Toutes les fuites étant supprimées, ce qui est presque toujours possible par une réparation intelligente, on est encore loin d'avoir un accord satisfaisant entre la dépense déduite du jaugeage direct et celle qui résulte du calcul. Pourtant il ne peut pas y avoir d'erreur sur l'évaluation de ce volume et encore moins sur la densité de la vapeur correspondante à la pression, car ce dernier facteur mérite une confiance absolue ; les physiciens qui se sont occupés de la détermination du poids spécifique des vapeurs, ont opéré avec des moyens d'investigation tellement exacts que toute idée d'erreur doit être écartée.

Des aperçus complètement faux sur le mode d'action de la vapeur dans les moteurs, et admis sans discussion, ont empêché jusqu'à ce jour une analyse sérieuse des causes qui pouvaient donner lieu à la différence qui existe entre le poids de vapeur calculé et le poids de vapeur observé.

Pourtant MM. Hirn et Combes ont appelé depuis longtemps l'attention des ingénieurs sur l'action des parois des cylindres. Malgré cet avertissement on continue à traiter la théorie des *Machines* à vapeur d'une manière un peu trop primitive.

Dans les ouvrages spéciaux et les cours sur les machines à

vapeur, on procède à peu près ainsi : on suppose les cylindres impénétrables au calorique en raison de la petite fraction de temps exigée pour une course de piston. On fait alors arriver la vapeur dans un récipient géométrique insensible à la chaleur et l'on applique la loi de Mariotte ; puis viennent quelques formules algébriques , et on établit ainsi une *théorie* des machines à vapeur.

L'autorité d'un nom aidant cette théorie entre gravement dans le monde et même , hélas ! elle est sûre de faire son chemin.

Après tout il est si commode d'accepter sans discussion une formule développée selon les règles de l'algèbre et reposant sur une idée. On vérifie , on discute les formules ; quant à l'examen de l'idée qui est le point de départ , on s'en inquiète peu , si ce n'est pour lui en substituer quelquefois une autre tout aussi peu fondée.

A cette malheureuse disposition des esprits , il n'y a qu'un remède ; il consiste à enterrer provisoirement toute idée préconçue et à observer les faits sur les machines elles-mêmes ; les idées se modifieront énormément plus tard , et les machines ne s'en porteront que mieux. Seulement les observations exigent immensément de temps, bien des essais, bien des tâtonnements et surtout une patience à toute épreuve.

Je l'ai appris à mes dépens. Une première expérience très-simple sur la machine de M. Hirn m'a donné l'éveil ; un thermomètre très-sensible a été introduit par le haut du cylindre dans un godet rempli d'huile. Ce godet traversait le couvercle et pénétrait même un peu dans l'espace nuisible ; le thermomètre marquait environ 140° alors que la vapeur surchauffée à deux mètres plus loin dans le tuyau d'arrivée était à 230°.

De là , je conclus que la vapeur, même surchauffée, devait se condenser dans le cylindre. M. Hirn admettait volontiers des condensations modérées contre les parois dans le cas de la vapeur saturée, mais il ne croyait pas que la vapeur surchauffée pouvait se condenser alors qu'elle apportait un supplément notable de calorique. Pour élucider la question des fuites ou condensations je le priai de faire communiquer l'intérieur de la tige du piston avec l'intérieur de celui-ci au moyen de deux petits trous d'environ $5^m/_m$ de diamètre; le premier, central, allant du bout extérieur de la tige jusqu'à mi-hauteur du piston et un second perpendiculaire au premier et débouchant à l'intérieur des segments. Si, comme on peut le croire, la vapeur s'introduisait dans l'intérieur du piston pour s'échapper du côté opposé au condenseur, on aurait vu les traces des fuites à l'extrémité extérieure du petit trou percé dans la tige. Il préféra le moyen suivant : il fit construire un piston avec garniture en corde de coton fortement serrée et ne pénétrant qu'à coups de marteau dans le cylindre ; ce piston de *seringue* a bien fonctionné pendant trois jours et j'entrepris avec M. Hirn une journée d'essai sur la consommation de vapeur par cheval et par heure ; s'il y avait eu des fuites avec le piston métallique, on aurait pu compter sur une petite amélioration de la dépense , au moins pour une journée ; avec le piston construit dans les conditions ci-dessus , il n'en a pas été ainsi , la consommation de la machine est restée la même ; ce fait nous préoccupa pendant très longtemps et j'affirmais plus hautement que jamais qu'il fallait trouver l'explication des phénomènes dans les condensations.

Un autre fait constaté pendant les essais entrepris sur la machine de M. Hirn en 1864 et exposé dans le rapport sur ces essais, vient à l'appui des refroidissements notables que doit subir la vapeur dans le cylindre.

La vapeur surchauffée perdait 28° dans un trajet de 10 à 12 mètres depuis la surchauffe jusqu'à l'entrée du cylindre , le tuyau d'amenée n'étant pas suffisamment protégé contre les refroidissements extérieurs ; pourtant il reposait sur la maçonnerie très-chaude du massif de la chaudière, et il était entouré d'une couche de terre glaise.

Enfin , dans une lettre publiée dans le même rapport, M. Grosse-teste me signalait que dans une machine à vapeur surchauffée de MM. Dollfus-Mieg et Cie, la durée de la garniture de la tige de piston est sensiblement la même que dans les machines à vapeur saturée, mais celles qui se trouvent placées sur la boîte à tiroir résistent moins longtemps.

Du rapprochement de ces divers faits d'observation, je conclus que la vapeur surchauffée perd non-seulement tout le calorique de la surchauffe lorsqu'elle est entrée dans le cylindre mais qu'une portion même doit se condenser et cela par suite du refroidissement contre les parois, et que pour les mêmes raisons la vapeur saturée doit se condenser en plus grande proportion encore.

Mes recherches ont été dirigées dans ce sens pendant plus de trois ans et je suis arrivé à prouver que ces condensations constituent dans la plupart des machines de véritables *averses*.

Plusieurs essais spéciaux qui mettent hors de doute l'exactitude des appareils de Watt, m'ont permis d'analyser sûrement tous les faits que présente la vapeur depuis la chaudière jusqu'au condenseur ; de nombreuses vérifications basées sur les observations prouvent que ces essais peuvent rivaliser comme exactitude avec les opérations les plus délicates de la physique expérimentale. Mais dans cette étude il est absolument nécessaire de laisser de côté les idées surannées de la physique ancienne ; la théorie mécanique de la chaleur doit seule servir de guide.

Ce travail contribuera certainement à faire accepter dans le domaine pratique les faits essentiels de la thermodynamique que beaucoup d'esprits cultivés ne peuvent encore se résoudre à admettre.

Je ne discuterai pas mes expériences dans l'ordre chronologique, mais je commencerai cette étude par le dernier des essais, celui du 30 septembre 1871, c'est le plus complet de tous ; il y a été apporté un luxe de précautions et de corrections telles que tous les chiffres obtenus méritent une confiance absolue.

Quelques détails sur les opérations doivent précéder les discussions que je vais entreprendre ; ces essais ont tous duré une journée entière au moins ; je ne me suis jamais inquiété de la quantité de houille brûlée, car cet élément ne peut pas servir de terme de comparaison.

L'eau d'alimentation des chaudières a été relevée avec le plus grand soin ; toutes les corrections ont été faites, aussi bien celles qui se rapportent au poids spécifique de l'eau et à la différence de niveau avant et après l'essai, qu'aux pertes par les robinets, soupapes, joints, etc. De plus, ces expériences contiennent une vérification essentielle qui permet de contrôler d'autres résultats. Le poids de l'eau de condensation et sa température moyenne ont été constatées par des observations très-minutieuses.

M. Hirn a entrepris depuis longtemps des recherches sur la quantité de chaleur recueillie au condenseur d'une machine à vapeur, et c'est ainsi qu'il a déterminé dans un beau mémoire ayant pour titre :

« Recherches sur l'équivalent mécanique de la chaleur, présenté à la Société de physique de Berlin »
une valeur de l'équivalent mécanique de la chaleur. Quelques détails sur cette opération de la mesure de l'eau de condensation intéresseront sans doute le lecteur.

L'eau de condensation a été recueillie dans une cuve prismatique en maçonnerie, dont la section transversale était d'environ 4 mètres carrés et la profondeur de 0,80.

Cette cuve était parfaitement cimentée à l'intérieur; sur une de ses faces protégée contre les mouvements d'oscillation de l'eau se trouvait un orifice percé en mince paroi de 66 $^m/_m$ de diamètre.

Quand la machine est parvenue à un régime suffisamment stable, le niveau de l'eau dans la cuve se maintient, à quelques millimètres près, à la même hauteur sous laquelle l'eau s'écoule à régime constant par l'orifice en mince paroi. Ce niveau a été observé de minute en minute pendant des heures entières; puis on a déterminé, sous différents niveaux et par 5 essais consécutifs, le coefficient de la dépense de l'orifice; ce coefficient est parfaitement d'accord avec ceux qui ont été établis par les savantes recherches de MM. Poncelet et Lesbros.

Pour trouver exactement la température de l'eau de condensation, les plus grandes précautions ont été prises; ces températures ont été

constatées de minute en minute , également pendant 5 à 6 heures ,
au moyen d'un thermomètre à échelle arbitraire de M. Salleron. On
pointait avec une lunette montée sur un cathétomètre et on lisait
très-aisément les centièmes de degré. De quart d'heure en quart
d'heure on prenait des diagrammes alternativement au haut et au bas
du cylindre ; pendant certaines périodes des essais , on les relevait
même toutes les cinq minutes. Pour avoir des termes de comparaison
plus exacts , les pressions fournies par les ordonnées des diagrammes
ont été corrigées en tenant compte de l'influence de la pression barométrique sur le piston de l'indicateur de Watt. Le travail moyen de
ces courbes donne les éléments nécessaires à l'analyse du jeu de la
machine.

Pour de plus amples renseignements , je renvoie le lecteur au
Bulletin de la Société Industrielle de Mulhouse , octobre 1869, dans
lequel M. Hirn justifie deux méthodes pouvant servir à déterminer
exactement la proportion d'eau entraînée par la vapeur, en même
temps , il entre dans des détails intéressants au sujet des opérations
délicates qu'exigent ces méthodes et du degré de confiance qu'elles
méritent.

Je ne reviendrai pas sur la valeur des indications de l'appareil de
Watt , ce que nous avons dit dans le premier chapitre suffit , et s'il
restait quelques doutes à ce sujet, certes, les résultats des recherches
que je vais exposer et la manière dont ils se vérifient les dissiperaient
complètement. Je prouverai non-seulement que les fuites à travers
les tiroirs et les pistons à l'état d'entretien ordinaire sont nulles ,
mais je démontrerai que les résultats d'observation sur les machines
à vapeur sont vérifiés par la théorie mécanique de la chaleur ; je ne
quitterai pas mon sujet avant d'avoir établi que mes expériences
récentes et celles que j'ai publiées en 1867 sont toutes d'accord
entre elles.

ESSAI DU 30 SEPTEMBRE 1871 DE LA MACHINE DE M. HIRN,
TRAVAILLANT AVEC DE LA VAPEUR SURCHAUFFÉE (1).

Sans entrer dans de longs détails sur les opérations, je donnerai ci-après les résultats des expériences.

L'essai du 30 septembre 1871 sur la machine de M. Hirn, travaillant avec de la vapeur surchauffée, comprend $12^h\cdot 9'\,45''$ de marche *sous charge*, la détente a été calée du matin au soir, mais par suite de l'usure des pièces du mouvement des tiroirs, il y a eu de très-légères variations dans le degré de l'admission de la vapeur. La pression moyenne dans le générateur a été constatée par 47 observations prises de quart d'heure en quart d'heure sur un manomètre à mercure à tube droit, en cristal. La valeur moyenne de cette tension après déduction d'une petite colonne d'eau qui surnageait sur le mercure et ramenée à une hauteur barométrique de 0^m760, est de $4^{kgr}\cdot 6235$ par ctm².

La pression atmosphérique pendant la journée de l'essai a été mesurée à l'aide d'un baromètre de Fortin; elle correspondait à une hauteur de 739 $^m/_m$. Le nombre de tours moyen par minute, sous charge, relevé avec un compteur-totalisateur $= 29,9733$.

La dépense moyenne de vapeur surchauffée par coup de piston $= 0^k\,1987$, toutes corrections faites, aussi bien celles qui sont relatives à la densité de l'eau d'alimentation à différentes températures, que celles qui se rapportent aux fuites par les soupapes, les robinets

---

(1) Les calculs qui suivent ont été facilités par les tableaux publiés par M. Zeuner, dans ses : « *Grundzüge der mechanischen Wärmetheorie* » Ces tableaux ont été reproduits dans l'excellente traduction que MM. Arnthal et Cazin ont donnée de cet ouvrage important.

(2) Pour déterminer l'importance des fuites de vapeur, j'ai employé le moyen suivant : le soir, après l'arrêt de la machine, j'ai pris le niveau de l'eau dans la chaudière ainsi que la pression de la vapeur et la température qui s'en suit; le lendemain matin avant l'allumage, c'est-à-dire 8 ou 10 heures après, j'ai constaté la quantité dont le niveau avait baissé ainsi que la nouvelle pression et la nouvelle température. Par un calcul de volume et de réduction de l'eau à son maximum de densité, j'ai trouvé l'ensemble de pertes dues aux fuites de vapeur.

et les joints. Je dois ajouter qu'en trois ou quatre endroits la vapeur s'échappait à travers les joints du tuyau d'arrivée de vapeur (1).

Le vide dans le condenseur déduit de 45 observations est mesuré par une colonne de mercure de $70^{m}/_{m},1$ et correspond à $0^{k}.0922$ par ctm^2; par suite de la disposition particulière de ce dernier manomètre, il n'y avait pas à faire de réduction relative à la pression atmosphérique. La vapeur est sortie de la surchauffe à $T'_{o} = 238,7$, c'est la moyenne de 43 observations; près du cylindre elle n'avait plus que $T' = 195,7$; elle a donc perdu dans son trajet 43° en circulant dans un tuyau en fonte qui n'était pas suffisamment garanti contre le refroidissement externe.

Je me suis assuré par plusieurs comparaisons que, depuis l'endroit où la vapeur était à 195°7 jusque dans les boîtes à tiroir, la vapeur perdait encore 14° par le conduit qui n'était pas convenablement protégé. Lors des essais de 1864, j'ai vu tomber le refroidissement dans le tuyau d'amenée de 28°,8 à 4° ou 5° seulement, en l'enveloppant d'un canal en briques.

Pendant la journée de l'essai, 46 diagrammes ont été relevés de quart d'heure en quart d'heure, dont 24 pris au haut du cylindre et 22 au bas. Une quinzaine d'autres, intercalés pendant les délicates observations sur l'eau de condensation, complètent les renseignements relatifs aux faits qui se sont passés dans le cylindre.

De ces nombreux diagrammes il résulte que la pression moyenne de la vapeur dans le cylindre pendant l'admission est de $3^{k}.231$ par ctm^2; il a été tenu compte de l'influence de la pression atmosphérique sur le piston de l'appareil de Watt.

(1) Si l'on veut déterminer très-exactement le degré de détente par les diagrammes et la loi d'expansion

$$\frac{p_n}{p_m} = \left(\frac{v_m + v_p}{v_n + v_p}\right)^{\alpha'}$$

on pourra opérer comme il a été dit page 42, du premier chapitre, c'est-à-dire que l'on prendra deux ordonnées de comparaison rapprochées du commencement de la détente, l'on aura ainsi un exposant α'' un peu différent de celui qui correspond à la moyenne du diagramme entier et en cherchant l'intersection de la courbe avec l'horizontale passant par l'extrémité de p_0, on déterminera n_0 puis $f = \frac{n_0 - 1}{20} = \frac{v'_0 + v_p}{v_n + v_p}$.

La perte de charge entre la chaudière et le cylindre , avec les robinets ouverts *en plein*, est donc de 4,6235-3,231 $=$ 1,3925 , tandis que pendant l'essai au frein , en 1864 , elle n'était que de 0^{k}·540 .

On verra plus loin d'où vient cette énorme différence. La pression finale moyenne dans le cylindre , qui joue un grand rôle dans notre analyse , est égale à 0^{k}·644 par ctm².

La loi de la détente moyenne , en tenant compte des espaces nuisibles , est déterminée par la formule :

$$\frac{p_{\mathrm{n}}}{p_{\mathrm{m}}} = \left(\frac{v_{\mathrm{m}} + v_{\mathrm{p}}}{v_{\mathrm{n}} + v_{\mathrm{p}}} \right)^{0.75}$$

Le volume de vapeur introduit par coup de piston , espaces nuisibles compris :

$$v_{0} = 0^{\mathrm{m}3},05616 ; \quad v_{\mathrm{p}} = 0^{\mathrm{m}3},005 \text{ et } v_{0}{}' = v_{0} - v_{\mathrm{p}} = 0^{\mathrm{m}3},05116 ; \quad v_{\mathrm{n}} = 0,{}^{\mathrm{m}3},489 \text{ (1)}$$

d'où résulte un degré de détente :

$$f_{\mathrm{c}} = \frac{v_{0}{}' + v_{\mathrm{p}}}{v_{\mathrm{n}} + v_{\mathrm{p}}} = 0.1137$$

$$f_{\mathrm{c}}{}' = \frac{v_{0}{}'}{v_{\mathrm{n}}} = 0.1046$$

Le travail *indiqué* ou travail *exercé* sur les pistons , sans déduction des frottements propres à la machine est $=$ 5318 ^{kgrm}·8 par course; le travail absolu total $=$ 6893 ^{kgrm}·4 et le travail de la contre-pression $=$ 1574 ^{kgrm}·6 . Ces deux derniers travaux sont également estimés par coup de piston (1).

(1) Les éléments précédents ont été déterminés comme suit :

Avec les 46 diagrammes pris au haut et au bas du cylindre, on a construit une *courbe moyenne*, c'est-à-dire qu'après avoir partagé la base de chaque courbe en 20 parties égales et tracé les ordonnées; celles-ci ont été mesurées au 1/10 de millimètre près , puis on a pris les moyennes des 46 ordonnées

$$y_{1} \quad y_{2} \quad y_{3} \ldots \ldots \ldots y_{n+1}$$
$$\text{et} \quad y_{1}{}' \quad y_{2}{}' \quad y_{3}{}' \ldots \ldots y_{n+1}'$$

et on a construit la *courbe moyenne* qui a servi de base aux calculs. Le degré de détente a été calculé par les formules exposées dans le Ier chapitre.

Les observations sur l'eau de condensation ont été faites à plusieurs reprises pendant $5^h\cdot38'$ avec tout le soin et les précautions dont j'ai parlé plus haut.

Ces $5^h\cdot38'$ correspondent à cinq séries d'observations ; pendant l'une d'elles on a augmenté dans une forte proportion le poids de l'eau injectée dans le condenseur.

La température de l'eau froide d'injection, prise dans un puits en communication avec la rivière, n'a pas varié de $1/_{100}$ de degré pendant toute la durée des 5 essais, sa valeur $\theta_o = 16°,15$.

Le poids d'eau moyen rejetée par le condenseur $M' = 7^k\cdot7323$ par coup de piston et sa température moyenne déduite de calculs très-laborieux $\theta_n = 30°91$. Le rapport entre le poids de l'eau de condensation et le poids de vapeur dépensée est donc de

$$\frac{7.7323 - 0.1987}{0.1987} = 38 \text{ environ.}$$

La température de l'eau de condensation a augmenté de $30°,91° - 16°,15 = 14°76$ et la chaleur gagnée par coup de piston sur la masse totale d'eau froide s'élève à $(7.7323 - 0.1987)\,14.76 = 111^{cal}.96$.

Je viens d'exposer les observations essentielles de l'essai du 30 septembre 1871 sur la machine de M. Hirn.

Passons maintenant à l'analyse de l'essai lui-même, et voyons comment on peut justifier rationnellement tous les phénomènes qui en sont les conséquences.

J'entrerai en matière par une vérification de la formule que M. Hirn a établie depuis longtemps au sujet de la chaleur anéantie par le travail externe rendu.

Elle donnera immédiatement une idée de la valeur des indications de l'appareil de Watt, lorsqu'on le transporte, comme je le fais, dans le domaine de la thermodynamique.

Quoique les études de M. Hirn remontent à une douzaine d'années, il n'a pu les faire accepter sans discussion et il s'est vu obligé, récemment, de les défendre de nouveau (1).

(1) Voir le bulletin de la Société industrielle de Mulhouse, octobre 1869.

Il a apporté dans sa dernière exposition une sûreté toute mathématique en même temps qu'il a ajouté quelques nouveaux développements bien faits pour écarter tous les doutes. Certes, les démonstrations de M. Hirn n'ont pas besoin de mes vérifications expérimentales, au contraire, je suis très-heureux de voir qu'elles rentrent complètement dans les principes qu'il a posés.

Je suis parti du fait très-simple que voici :

La quantité de chaleur recueillie dans le condenseur d'une machine à vapeur ést égale à celle qui a été fournie par la chaudière, déduction faite de toutes les pertes de calorique subies par la vapeur dans son trajet depuis le générateur jusqu'au condenseur.

Quand on énonce une vérité aussi élémentaire, on risque fort de provoquer un sourire de pitié ; pourtant, nous verrons que si le principe ne peut en lui-même soulever de difficulté, il en est tout autrement lorsqu'on veut passer à son application.

Les pertes de chaleur, par le refroidissement des tuyaux et du cylindre, exigent d'abord des opérations assez longues et très- délicates. Mais, outre la perte de calorique due aux rayonnements extérieurs, il en existe une autre plus considérable qui résulte de la chaleur *anéantie* correspondante au travail absolu rendu ; de plus, il y a des gains de chaleur provenant des pistons moteurs et de celui de la pompe à air. Bien mieux, lorsque la vapeur se rend au condenseur, le piston moteur exerce un travail d'expulsion sur cette vapeur qui s'échappe, et ce travail extérieur fait réapparaître une quantité équivalente de chaleur.

Quand on transporte l'étude des machines à vapeur sur le terrain de la thermodynamique, on peut être sûr que l'on rencontrera, près d'un grand nombre d'ingénieurs, une vive résistance. Je ne m'y arrêterai pas et je répondrai aux incrédules obstinés : Faites concorder vos essais, tâchez d'éviter les contradictions et vous n'arriverez pas même à des à peu près qui puissent satisfaire le plus modeste ouvrier.

Je vais vérifier deux résultats essentiels de ces observations. La dépense de vapeur surchauffée par coup de piston et la quantité de chaleur recueillie au condenseur.

Écrivons par une équation que la somme de chaleur fournie par la chaudière et la surchauffe est égale à la quantité de chaleur recueillie au condenseur, correction faite de toutes les pertes internes et externes.

Appelons x la dépense de vapeur surchauffée par coup de piston; elle a été déterminée par l'observation et est égale à $0^{kgr}\cdot1987$.

Soit T_0 la température de la vapeur dans la chaudière déduite de la pression moyenne observée ou $P_0 = 4^k\cdot6235$ par ctm², d'où $T_0 = 148°,1$.

Soit θ_0 la température de l'eau froide de condensation ; sa valeur constante pendant toute la durée des observations est de $16°,15$.

θ_u la température de l'eau rejetée du condenseur, sa valeur moyenne pendant $5^h\cdot38'$ est égale à $30°\,91$.

T_0' la température de la vapeur à la sortie de la surchauffe, ou

$$T_0' = 238.70$$

T' la tempérautre de la vapeur près du cylindre ou

$$T' = 195.70$$

$C = 0,48$ la capacité calorifique de la vapeur surchauffée.

Depuis l'endroit où la dernière température a été prise jusque dans les boîtes de distribution, il s'est opéré un nouveau refroidissement de $14°$.

Appelons F_i le travail *indiqué* ou celui qui est exercé sur le piston d'après les 46 diagrammes relevés pendant la journée :

$$F_i = 5318.8 \text{ kilogrammètres.}$$

A F_i la quantité proportionnelle de chaleur disparue, ou

$$A\,F_i = \frac{F_i}{424} = \frac{5318.8}{424} = 12.54$$

Enfin, appelons M′ le poids total de l'eau chaude rejetée par le condenseur. J'ai dit plus haut que la valeur moyenne de M′ pendant les $5^h\cdot$ 38′ d'observations $= 7^k\cdot 7323$.

Le poids de vapeur dépensée par coup de piston, après avoir passé par la surchauffe, possède à l'entrée du cylindre une quantité de calories exprimée par :

$$x\left[(606.5 + 0.305\,T_0) + C\,(T_0' - T_0) - C\,(T_0' - (T' - 14)\right]$$
$$= x\left[(606.5 + 0.305\,T_0) + C\,(T' - 14 - T_0)\right]$$

dans le condenseur il a été recueilli (page 174) :

$$(M' - x)\,(\theta_{11} - \theta_0)\quad\text{calories.}$$

Le refroidissement externe du cylindre occasionne par course de piston une perte de calorique de :

$$1.85 = a\quad(1)$$

Puis la vapeur perd $1^{cal\cdot} = a_1$ en s'échappant au condenseur par un tuyau en cuivre de $2^m\,50$ de développement et non entouré de corps mauvais conducteurs.

Cette perte je l'ai déterminée aussi bien que possible par comparaison et d'après les principes de la transmission de la chaleur.

L'erreur probable sur une aussi petite quantité n'aura, dans tous les cas, qu'une influence secondaire.

La somme des pertes de chaleur s'élève donc à

$$A\,F_1 + a + a_1$$

Par contre il y a deux gains de chaleur :

1° Celui qui se rapporte au calorique développé par le frottement du piston moteur, ce gain de chaleur a été estimé $= 0^{cal\cdot}5 = b$ (voir Bull. de la Soc. Ind. de Mulhouse, avril et mai 1867 ;

(1) Voir plus loin la note relative à la machine de MM. N. Schlumberger et Cie, chapitre III.

$2°$ Le piston en chanvre de la pompe à air donne lieu à un frottement dont le travail équivaut encore à 0.5 calories environ, $= b_{\mathrm{I}}$.

En posant la quantité de chaleur recueillie au condenseur égale à celle qui est entrée dans le cylindre, diminuée de la somme algébrique de toutes les pertes, nous aurons l'expression suivante :

$$x\left[(606.5 + 0.305\,T_o - \theta_n) + C\,(T' - 14 - T_o)\right] - A\,F_I - a - a_I + b + b_I = (M' - x)\,(\theta_n - \theta_o)$$

équation de laquelle on tire :

$$x = \frac{M'\,(\theta_n - \theta_o) + A\,F_I + a + a_I - b - b_I}{606.5 + 0.305\,T_o - \theta_o + C\,(T' - 14 - T_o)}$$

$$x = \frac{7^{k}\!\cdot\!7323\,(30.91 - 16.15) + 12^{cal}\!\cdot\!54 + 1.85 + 1 - 0.5 - 0.5}{606.5 + 0.305 \times 148.1 - 16,15 + 0.48\,(195.7 - 14 - 148.1)}$$

$$x = 0.1972\,,$$

tandis que l'observation nous a donné 0.1987 ; la différence entre ces deux résultats ne s'élève qu'à :

$$\frac{0.1987 - 0.1972}{0.1987} = \frac{0.0015}{0.1987} = 0.76\,\%$$

ou
$$\frac{1}{133}$$

Passons maintenant à l'analyse des phénomènes qui se présentent dans le cylindre et le condenseur, d'après la méthode que je propose pour les constater.

Nous avons vu que la dépense observée de vapeur surchauffée $= M = 0^{kgr}\!\cdot\!1987$ par coup de piston. La vapeur pendant l'admission dans le cylindre est à $p_o = 3^{kgr}\!\cdot\!231$ par centm² (page 97) au lieu de $4^{kgr}\!\cdot\!6235$ qu'elle avait dans la chaudière, et d'après ce que nous avons dit plus haut, cette vapeur surchauffée doit être non-seulement tombée au point de saturation, ce qui est évident à priori d'après les chiffres d'observation, mais nous affirmons de plus qu'une notable quantité de vapeur s'est condensée contre les parois du cylindre, et c'est ce qui résultera avec la dernière évidence des discussions suivantes.

De mes nombreux diagrammes relevés pendant la journée, j'ai conclu que le degré de détente

$$f_0 = \frac{0.05616}{0.494} = 0.1137$$

c'est-à-dire que le volume moyen de vapeur introduit par coup de piston ou

$$v_n + v_p = 0.05116 + 0.005 = 0.05616.$$

A la pression moyenne pendant l'admission ou $p_0 = 3^{\text{kgr}}231$ par centim^2 correspond une densité de vapeur *saturée* $\gamma_0 = 1.7694$.

Le poids de vapeur *présent* dans le cylindre à la fin de l'admission est donc

$$= (v_0 + v_p) \, \gamma_0 = 0.05616 \times 1.7694 = 0^{\text{kgr}}0994$$

de vapeur ; et comme la dépense de vapeur surchauffée observée par coup de piston $= 0^{\text{kgr}}1987$, je dis qu'il y a :

$$\frac{0.1987 - 0.0994}{0.1987} = \frac{0.0993}{0.1987} = 50 \, ^o/_o$$

d'eau à l'état liquide, ruisselant le long des parois ou tenue en suspension à l'état de brouillard, et ces $0^{\text{kgr}}0993$ se sont condensés en arrivant dans le cylindre.

A la fin de la course, le volume occupé par la vapeur

$$v_n + v_p = 0.489 + 0.005 = 0.494.$$

La pression finale, correction faite également de la pression atmosphérique est égale à $0^{\text{kgr}}644$ par centim^2, la densité correspondante $\gamma_n = 0.3879$, le poids de vapeur présent dans le cylindre à la fin de la course est donc de

$$(v_n + v_p) \, \gamma_0 = 0.494 \times 0.3879 = 0^k.1916$$

la dépense étant 0.1987; s'il n'y a pas eu de fuites il n'y a plus que

$$\frac{0.1987 - 0.1916}{0.1987} = \frac{0.0071}{0.1987} = 3\ \%\ 6$$

d'eau , tandis qu'au commencement de la détente il y a 0.0993 ou 50 %. Il s'est donc évaporé pendant la détente 0.0993 — 0.0071 $= 0.0922$ d'eau , soit 46 % 4.

La machine de M. Hirn n'a pas d'enveloppe de vapeur, et d'après les idées reçues aujourd'hui, c'est tout le contraire qui devrait arriver et c'est précisément pour éviter la condensation pendant la détente que l'on applique des chemises de vapeur au cylindre. Nous verrons plus loin quel rôle jouent les enveloppes. Quoiqu'il en soit de ce fait qui peut paraître paradoxal , je dois le justifier si ma méthode et mes moyens d'investigation sont exacts.

La chaleur totale du mélange de vapeur et d'eau à la fin de l'admission est :

$$J_0 = m_{v_0}(\lambda_0 - A\,p_0\,u_0) + (M - m_{v_0})\int_0^{t^0} c\,d\,t$$

formule dans laquelle M représente la dépense totale $= 0^k 1987$, m_{v_0} le poids de vapeur, $M - m_{v_0}$ le poids d'eau ; λ_0 est la chaleur totale qu'il faut dépenser pour transformer $1^{kgr.}$ d'eau prise à 0° en vapeur à t_0 ; $A\,p_0\,u_0$ représente la chaleur disparue par suite du travail externe qu'elle doit surmonter pendant sa formation ; c , est la capacité calorifique de l'eau ; on sait que d'après les formules de M. Regnault :

$$\int_0^{t_0} c\,d\,t = t + 0.00002\,t^2 + 0.0000003\,t^3 = q$$

par quelques transformations l'équation en J_0 ci-dessus devient :

$$J_0 = m_{v_0}\,\rho_0 + M\,q_0$$

ρ_0 désigne dans la théorie mécanique de la chaleur : *la chaleur interne totale*, et q_0 *la chaleur du liquide.*

à $p_0 = 3^{k}.231$ correspondent les valeurs suivantes :

$$t_0 = 135°31, \quad p_0 = 468.37$$

$$q_0 = 136.42.$$

En substituant on trouve :

$$J_0 = 0.0994 \times 468.37 + 0.1987 \times 136.42 = 73^{c}.67$$

A la fin de la course la chaleur totale interne est :

$$J_n = m_{v_n} \, p_n + M \, q_n$$

$$= 0.1916 \times 506.39 + 0.1987 \times 87.59$$

$$= 114^{cal}.42$$

Ainsi la chaleur totale à la fin de la course dépasse celle qui existe au commencement de la détente de :

$$J_n - J_0 = 114.42 - 73.67 = 40^{cal}.75$$

Ce premier résultat a tout lieu d'étonner, car on ne voit pas au premier abord pourquoi, à la fin de la détente, le mélange de vapeur et d'eau renferme plus de chaleur qu'au commencement.

Mais, outre ce gain de chaleur il faut justifier : 1° Le refroidissement externe du cylindre ou $a = 1.85$; 2° tout le calorique disparu pendant la détente ; le travail absolu $F_{\delta_{abs}}$ rendu pendant cette période étant :

$$F_{\delta_{abs}} = 5240^{kgr}.4$$

et la chaleur équivalente :

$$A \, F_{abs} = \frac{5240.4}{424} = 12^{cal}.36.$$

Ces deux causes de perte de calorique donnent un total de :

$$1.85 + 12.36 = 14^{cal}.21.$$

Nous avons à en retrancher un gain de $0^{cal.}5$ rendu par le frottement du piston, de sorte qu'il y a à trouver outre les $40^{cal.}75$, encore $14.21 — 05 = 13^{cal.}71$; en résumé, nous arrivons à la fin de la course du piston avec un excédant de chaleur de :

$$40.75 + 13.71 = 54.46 \text{ calories.}$$

D'où proviennent ces $54^{cal.}46$?

La surchauffe et la condensation abondante pendant l'admission les ont fournies, les parois du cylindre et le piston les ont emmagasinées puis rendues pendant la détente.

Effectivement, la vapeur surchauffée qui se trouvait à $T' = 195.7$ à environ $2^m.50$ du cylindre et qui a perdu encore $14°$ jusqu'aux boîtes de distribution, tombe à l'intérieur du cylindre à $t_o = 135.31$ qui est la température correspondante à $p_o = 3^k.231$, elle rendra donc aux parois du cylindre $M\,C\,(T' — 14 — t_o)$, M étant la dépense 0.1987 et C la capacité calorifique de la vapeur surchauffée $= 0.48$

$$M\,C\,(T' - 14 - t_o) = 0.1987 \times 0.48\,(195.7 - 14 - 135.31) = 4^{cal.}43$$

puis il s'est condensé 0.0993 (voir page 104) de vapeur pendant l'admission à la pression p_o et à la température $t_o = 135° 31$. Ce poids de vapeur rendra libre :

$$(M - m_{v_o})\,(606.5 + 0.305\,t_o - q_o) = 0.0993 \times 511.35 = 50.78 \text{ calories}$$

que les parois ont également absorbées.

En d'autres mots, la surchauffe et la condensation ont rendu $4.43 + 50.78 = 55^{cal.}21$ au lieu de $54^{cal.}46$ dont il faudra rendre compte ; la différence ne s'élève donc qu'à

$$55.21 — 54.46 = 0^{cal.}75.$$

Cette différence est certainement très-faible, mais elle ne constitue pas une erreur ; en faisant marcher la machine de M. Hirn dans de tout autres conditions nous avons toujours trouvé que les parois n'ont pas le temps, pendant une course de piston, de rendre au mélange de vapeur et d'eau tout le calorique qu'elles ont emmagasiné. Cet excès peut même atteindre des valeurs considérables. Je l'appelle *refroidissement par le condenseur*, et je le désignerai par R_c; quelle que soit sa valeur, je le justifierai toujours.

Dans le cas particulier de l'essai que nous analysons ici, il se présente une vérification importante par l'eau de condensation dont le poids et la température ont été observés avec le plus grand soin.

En effet, nous avons trouvé pour la chaleur totale à la fin de la course $J_n = 114^{cal.}42$; cette quantité de chaleur doit se retrouver au condenseur, y compris la somme algébrique des gains de chaleur qui s'y ajoutent pendant que la vapeur se précipite dans le condenseur.

Pendant l'échappement il existe sous le piston une contrepression moyenne de $p_c = 0^{kgr.}322$, correction faite de la hauteur barométrique ; le piston exerce donc un travail d'expulsion sur la vapeur ; ce travail s'élève à $F_c = v_n\, p_c = 0.489 \times 3220 = 1574,6^{kgm.}$ par course ; la chaleur équivalente développée :

$$A\,F_c = \frac{1574^{kgrmèt.}6}{424} = 3^{cal.}71 \; ;$$

Ce gain de chaleur ajouté à $J_n = 114.42$ donne une somme de $114.42 + 3.71 = 118.13$.

Mais la vapeur en traversant le tuyau d'échappement en cuivre, non protégé contre le refroidissement extérieur, perd environ 1 calorie (voir page 102), la vapeur apporte donc au condenseur $118.13 - 1 = 117^{cal.}13$.

Mais elle y gagne par le frottement de la pompe à air $b_1 = 0,5$, ce qui porte à $117.13 + 0,5 = 117.63$ la chaleur présente.

En retranchant la chaleur conservée par la vapeur et l'eau après condensation ou

$$M\,\theta_n = 0.1987 \times 30.91 = 6^{cal}.14,$$

nous devons trouver la chaleur gagnée par l'eau froide d'injection, soit :

$$(M' - M)\,(\theta_n - \theta_o) = J_n + A\,F_c - a_I + b_I - M\theta_n = 111.96$$

$$\text{Le } 1^{er} \text{ membre} = 111^c.96$$
$$\text{Le } 2^e \text{ membre} = 111.49 = 117.63 - 6.14$$

la différence entre ces deux quantités ne s'élève qu'a $0^{cal}.47$ au lieu de $0^{cal}.75$ trouvés plus haut.

Le désaccord entre cette vérification et les calculs précédents ne s'élève qu'à $0.75 - 0.47 = 0^{cal}.28$ et la moyenne de R_c est :

$$\frac{0.47 + 0.75}{2} = 0^{cal}.61.$$

L'excès de chaleur constaté à la fin de la course du piston est donc justifié expérimentalement.

Passons à l'examen des fuites par le piston ou les tiroirs.

S'il y avait eu des fuites nous aurions également retrouvé au condenseur nos 0.75 calories et notre méthode analytique serait fausse; mais les résultats ci-dessus établiront, au contraire, l'impossibilité absolue d'un passage de vapeur ou d'eau par les tiroirs ou le piston de la machine de M. Hirn, ou plutôt, ils nous conduiront à fixer un maximum à ces prétendues fuites, que les considérations suivantes réduiront à une valeur insignifiante, sinon à zéro, de sorte qu'il ne vaut pas la peine de s'en préoccuper, pas plus au point de vūe de la pratique qu'à celui de la théorie.

Supposons que ces fuites aient lieu au commencement de la course, elles se feraient ainsi sous une pression $p_o = 3^{kgr}.231$ et une température $t_0 = 135°31$, elles correspondraient ainsi à un poids de vapeur condensée π donné par l'équation :

$$Q_0 = \pi\,(\,606.5 + 0.305\,t_0 - \theta_n\,)$$

$$\pi = \frac{Q_0}{606,5 + 0.305\,t_0 - \theta_n} = 0^k.0012$$

ou $\qquad \dfrac{0.0012}{0.1987} = 0,6\,\% \quad$ ou $\quad \dfrac{1}{166}$

sur une dépense totale de $M = 0,1987$.

Ainsi, elles ne peuvent dépasser ce chiffre, mais elles restent évidemment bien au-dessous de cette limite.

Examinons à ce sujet l'état thermique de la masse de fonte du cylindre et du piston. Pendant l'admission la vapeur afflue à :

$$p_0 = 3^{kgr}231 \quad \text{et à} \quad t_0 = 135°31.$$

La portion du cylindre correspondante à l'admission, le couvercle ou bien le fond, le piston lui-même ainsi que sa tige se mettront à cette température sur une profondeur de quelques millimètres au moins.

La vapeur tombe à la fin de la course à

$$p_n = 0^k.644 \quad \text{et} \quad t_n = 87°24$$

admettons dans la masse totale du cylindre une température moyenne

de $\qquad \dfrac{135.31 + 87.24}{2} = 111°$

environ. Que la température des parois soit en réalité de beaucoup au-dessus ou au-dessous de cette moyenne, elle n'influencera pas les conclusions suivantes.

Le poids du cylindre, du couvercle, etc., $= 2200$ kgr. à peu près ; cherchons de combien la température de cette masse de fonte doit s'abaisser à chaque coup de piston pour céder la faible quantité de chaleur $R_0 = 0^{cal.} 75$ qui se trouve en excès dans les parois à la fin de la course du piston.

La capacité calorifique de la fonte de fer ou $c = 0,13$, celle de l'eau étant 1, nous aurons :

$$P \, c \, x = 0.75 \, ; \, x = \frac{0.75}{2200 \times 0.13} = 0°0023$$

soit $^1/_{435}$ de degré centigrade environ.

Personne ne mettra en doute la possibilité d'un aussi petit abaissement de température dans la masse totale du cylindre pendant l'échappement, et si quelque chose a lieu d'étonner, c'est plutôt la faible valeur de cette chute de température qui justifie l'abandon des $0^{cal.} 75$; et si le refroidissement par le condenseur était même 40 fois plus considérable comme dans un essai dont nous rendrons compte bientôt, il suffirait d'un abaissement de $^1/_{11}$ de degré centigrade environ, dans la masse du cylindre, pour rendre compte d'un refroidissement bien plus grand.

Ainsi que je l'ai dit plus haut, les fuites dont le calcul m'a donné une limite supérieure de $^1/_{166}$, n'ont pas lieu en présence de résultats que je viens de développer.

Les phénomènes s'expliquent rationnellement de la manière suivante :

L'eau condensée et le brouillard en suspension dans la vapeur absorbent, surtout par contact et beaucoup moins par rayonnement, les $0^{cal.}75$, et cela d'autant plus facilement que les parois du cylindre se trouvent au moins à la température finale $t_n = 87.24$, tandis que pendant l'échappement la vapeur est à une température beaucoup plus basse. L'eau et le brouillard renfermés dans le cylindre s'évaporeront instantanément, tout au moins sur les parois, et emporteront ainsi les $0^{cal.}75$ au condenseur, où je les ai retrouvés. La chaleur cédée par la surchauffe et la condensation restitueront cette perte pendant l'admission de la course suivante.

Si j'ai réussi à exposer avec clarté la méthode que je suis pour analyser les phénomènes dynamiques et thermiques qui se présentent dans les machines à vapeur, le lecteur reconnaîtra avec moi les faits suivants :

La dépense de vapeur est inattaquable, car elle repose sur le jaugeage consciencieux de l'eau d'alimentation et sur l'eau rejetée par le condenseur et on a vu avec quels soins minutieux cette dernière quantité a été mesurée et vérifiée.

Le calcul du poids de vapeur dépensée repose sur le volume du cylindre, de ses espaces nuisibles et sur la densité de la vapeur déduite de la pression.

Mon affirmation au sujet de l'absence de fuites autour du piston est justifiée par la chaleur gagnée par l'eau de condensation et l'influence bien manifeste des parois, influence sur laquelle je reviendrai plus loin. De plus, comme mes observations et mes chiffres se vérifient avec une approximation qu'il est facile d'obtenir en opérant avec soin, ma manière de voir sur la parfaite étanchéité des pistons et des tiroirs convenablement entretenus ainsi que l'ensemble de mes observations sont mises hors de doute à la fois.

J'ai soumis mes idées à M. Hirn. Il a examiné cette question au point de vue analytique et il a établi une équation qui fixe directement une relation entre les fuites et le refroidissement par le condenseur.

Cette équation est l'expression algébrique très-élégante de l'ensemble des raisonnements que je viens de développer.

Voici une note dans laquelle il a eu l'obligeance de condenser ses observations à ce sujet ; elles ne font que confirmer les résultats que je viens de discuter. Quoiqu'elle se rapporte à un essai du 25 août 1870, qui sera analysé plus loin, sa place naturelle est à la suite des discussions qui précèdent.

NOTE DE M. HIRN.

« J'admettrai dans ce qui suit que, *si fuites il y a*, ces fuites
» n'ont lieu que endant la période d'admission, et même seule-

» ment au début. Cette supposition, peu importante d'ailleurs quant
» à ses conséquences , est légitime au point de vue pratique.

» Les segments des pistons *claquent* en général plus ou moins
» fort au commencement de la course , c'est dans ce moment seule-
» ment que les fuites peuvent se produire avec un piston *bien fait* ,
» qui , comme on peut s'en assurer facilement , ne laisse plus passer
» une quantité de vapeur appréciable lorsqu'on l'essaie en repos en
» n'importe quel point de sa course. Soient M le poids total d'eau et
» de vapeur dépensé par le coup de piston F, le poids d'eau et de
» vapeur que par hypothèse laisse fuir le piston , m_0 le poids de
» vapeur au moment où l'admission cesse , m_n , ce même poids à la
» fin de la course , poids déterminés tous deux à l'aide des pressions
» données par les diagrammes.

» La chaleur interne de la vapeur et de l'eau présentes dans le
» cylindre , au moment où l'admission cesse , est :

$$J_0 = (M - F) \, q_0 + m_0 \, \rho_0$$

» A la fin de la course cette chaleur interne devient :

$$J_n = (M - F) \, q_u + m_n \, \rho_n$$

équations dans lesquelles :

$$q = t + 0.00002 \, t^2 + 0.0000003 \, t^3$$

et $\qquad \rho = (606.5 + 0.305 \, t - A \, p \, u)$

Il vient ainsi pour la différence $J_n - J_0 = \delta$

$$J_n - J_0 = (M - F) \, (q_u - q_0) + m_n \, \rho_n - m_0 \, \rho_0)$$

» Désignons : 1° par $A F_\delta$ la chaleur consommée pendant la
» détente en travail externe et trouvée aussi à l'aide des diagrammes;
» 2° par a le refroidissement externe du cylindre ; 3° par b la cha-
» leur due aux frottements du piston ; 4° par R_c la chaleur que les
» parois cèdent à la vapeur pendant qu'elle se jette dans le con-

» denseur. La perte totale de chaleur subie à chaque coup de
» piston est :

$$s = \delta + R_o + a - b + A F_\delta$$

» et cette somme est restituée à chaque coup de piston aussi aux
» parois par la vapeur qui afflue pendant la période d'admission.
» Désignons par y le poids de vapeur qui se condense par suite de
» cette soustraction de chaleur ; comme cette condensation a lieu
» sous pression à peu près constante on a : $y r_o$ pour l'expression
» de la chaleur abandonnée , r_o étant la chaleur d'évaporation qui
» répond à la pression p_o qu'a la vapeur dans le cylindre pendant
» l'admission.

» Il vient ainsi :

$$y r_o = \delta + R_o + A F_\delta + a - b$$

» ou en remettant pour δ sa valeur :

$$yr_o = m_n \rho_n - m_o \rho_o + (M - F) (q_n - q_o) + A F_\delta + R_o + a - b.$$

» Il est facile d'éliminer y de cette équation. Désignons en effet
» par α la proportion de l'eau présente dans la vapeur au moment
» où elle s'est jetée dans le cylindre. Il est clair qu'on a :

$$M = F + \frac{1}{\alpha} y + \frac{1}{\alpha} m_o$$

d'où $\qquad y = \alpha \left((M - F) - \frac{1}{\alpha} m_o \right) = \alpha (M - F) - m_o$

et par conséquent :

$$r_o (\alpha (M - F) - m_o) = (m_n \rho_n - m_o \rho_o) + (M - F) (q_n - q_o) + A F_\delta + R + a - b$$

» Avant de donner une application numérique de cette équation,
» je dois faire une remarque quant à la valeur de α.

» La quantité totale d'eau présente dans la vapeur à son entrée
» dans le cylindre se compose, comme il est dit dans le texte, de celle
» qu'elle emporte de la chaudière et de celle qui se condense dans
» la tuyauterie. Le poids n, déterminé par l'expérience calorimé-
» trique sur l'eau de condensation, représente cette somme plus le
» poids de vapeur condensée par le refroidissement du cylindre. Ce
» dernier, toujours très-petit, peut être représenté par :

$$\frac{a}{606.5 + 0.305\, t_0}$$

» Désignons par B le rapport de l'eau et de la masse de vapeur
» et d'eau, immédiatement *avant* l'entrée dans le cylindre.
» On a :

$$\left(n - \frac{a}{606.5 + 0.305\, t_0} \right) = \beta\, M$$

» La relation qui existe entre α et β est facile à déterminer.
» Lorsque la masse M à la pression P_0 dans la chaudière pénètre
» dans le cylindre pendant la période d'admission, la pression tombe
» à $p_0 < P_0$ par suite des frottements, coudes, étranglements, qui
» s'opposent au libre mouvement de la vapeur ; comme cette chute
» de pression a lieu sans production de travail externe on a (1) :

Pression dans la chaudière :
$$P_0 = 4^{k}.540 = 148^{\circ}$$
$$p_0 = 3.299 = 136.04$$

$$M = 0^{kil}.3576 \qquad q_0 = 149.44 \qquad q_1 = 137.12$$
$$n = 0\ \ 0384 \qquad Q_0 = 651.64$$
$$a = 1^{cal}.85 \qquad r_0 = 502.23 \qquad r_1 = 510.86$$

On tire de là d'abord :

$$m'_0 = 0.3576 - 0.0384 + \frac{1.8}{651.64} = 0^{k}.32204$$

(1) Hirn, théorie mécanique de la chaleur   pa e 165

» pour le poids de vapeur présent dans la masse totale $0^{k}.3576$ à
» l'entrée du cylindre. Puis :

$$0,3576 \, (149.44 - 137.12) + 502.23 \times 0.32204 = 510.86 \, m_0$$

d'où $$m_0 = 0^{k}.3252.$$

» pour la quantité de vapeur présente dans la masse 0.3576, *après*
» l'entrée dans le cylindre, abstraction faite des fuites et de l'action
» des parois.

» Au commencement de la détente, nous avons, dis-je :

$$p_0 = 3^{kil}.299 \text{ ou } 136°04$$

et il en résulte :

$$\rho_0 = 467^{cal}.792.$$

D'après les diagrammes on a :

$$m_v = 0^{k}.2233$$

à la fin de la détente nous avons :

$$p_n = 0.976 \text{ ou } t_n = 98.4$$

d'où $$\rho_0 = 497.58 \qquad q_n = 98.67 \qquad r_n = 510.82$$

et d'après les diagrammes :

$$m_v = 0.2836.$$

Il résulte de là :

$$y \times 510\ 82 = 0.2836 \times 497.58 - 0.2233 \times 467.79 - (0.3576 - F$$
$$\times 38.31 + R_0 + 1.85 - 0.5 + 13.87$$

ou en réduisant :

$$y \times 510.82 = 37.79 + 38.31 \, F + R_0$$

» Mais on a vu que la quantité de vapeur présente dans le poids
» total $0^k.3576$ était $0^k.3252$, il en résulte :

$$\alpha = \frac{3576}{3252} = 1.0996 \text{ , soit } 1.1$$

et l'on a par suite aussi :

$$y = 0.3576 - 0.2233 \times 1.1 - \frac{1}{1.1} \, F$$

$$y = 0.10179 - 0.9091 \, F$$

» Substituant cette valeur de y dans l'équation ci-dessus , il vient
» enfin :

$$14.2 = 502.69 \, F + R_0$$

» En posant $R_c = 0$, ce qui est impossible, il vient :

$$F = 0^k.02827 \text{ d'où } 100 \times \frac{0.02827}{0.3576} = 0.7, 9 \, \%$$

» pour la fuite maxima et *impossible* d'eau et de vapeur.

» En posant au contraire $F = 0$ on a $R_0 = 14^{cal}.2$ pour le nombre
» de calories que les parois cèdent à la vapeur pendant qu'elle se
» jette au condenseur.

» Prenons un autre exemple plus intéressant encore , il concerne
» une expérience faite avec vapeur surchauffée.

» Notre équation genérale

$$y \, r_1 = J_1 - J_0 + R_c + A \, F_d + a - b$$

» demande à être modifiée, beaucoup moins cependant qu'on ne
» pourrait le croire au premier abord.

» Les diagrammes relevés par M. G. Leloutre nous apprennent
» en effet qu'à la fin de la course la vapeur est au moins saturée,
» sinon mêlée d'eau et qu'au début de la détente la masse de vapeur
» est moindre qu'à la fin.

» La vapeur, quoique surchauffée, s'y refroidit donc jusqu'au
» point de saturation et se condense même en partie. Il suit de là
» que les deux termes J_n et J_0 sont donnés par l'équation ordinaire

$$J = (M - F)\, q + m\, p$$

» et que tout le second membre de l'équation doit rester tel quel.
» Il n'en est pas de même du premier membre. La chaleur que
» peut céder la vapeur est en effet ici non pas simplement $\gamma\, r_0$ mais
» $\gamma\, c\, (T_0 - t_0 + r_0)$ c étant la capacité calorifique de la vapeur
» T_0 la surchauffe à l'entrée du cylindre et t_0 la température rela-
» tive à la pression qu'à la vapeur dans le cylindre pendant l'ad-
» mission. Bien que c ne soit pas absolument constant on peut ici
» sans erreur considérable poser

$$c = 0.48 \quad \text{(Regnault)}.$$

» En désignant toujours par M la masse totale dépensée par coup
» de piston, il vient, puisque $n = o$,

$$y + F + m_v = M$$

d'où
$$y = (M - m_v - F$$

et par conséquent :

$$(M - m_v - F)\, C\, (T_0 - t_0) + r_0 = m_v c_1 - m_v c_0 - (M - F)\, (q_0 - q_1) + A\, F_d + R_c + a - b.$$

» Dans l'expérience avec surchauffe dont je parle on avait :

$$T = 222°$$

et (dans le cylindre) $\quad p_0 = 3.966$

d'où $\quad t_0 = 143.69, \quad r_0 = 505.34, \quad \rho_0 = 462.71,$

$$q_0 = 144.99, \quad M = 0^k.3052$$

» D'après les diagrammes on avait aussi :

$$m_{\text{v}} = 0^{\text{k}}.2645 \qquad m_{\text{v}} = 0.2732 \qquad p_{\text{n}} = 0.9078$$

d'où $\quad t_{\text{n}} = 97°31 \quad r_{\text{n}} = 542.93 \quad \rho_{\text{n}} = 498.4 \quad q_{\text{n}} = 97.78.$

Il vient donc :

$$(0.3052 - 0.2645 - F) (0.48 (222 - 143.69) + 505.34)$$
$$= 498.4 \times 0.2732 - 462.71 \times 0.2645 - (0.3052\,F) (144.99 - 97.78)$$
$$+ R_{\text{c}} + 15.63 + 1.85 - 0.5$$

$$542.93 (0.0407 - F) = - (0.3052 - F) 47.21 + 30.76 + R_{\text{c}}$$

$$5.75 = R_{\text{c}} + 590.14\, F$$

En posant d'abord comme je l'ai fait ci-dessus :

$$R_{\text{c}} = 0 \qquad \text{il vient} \qquad F = 0^{\text{k}}.009743$$

d'où $\qquad 100 \times \dfrac{0.009743}{0.3052} = 3,2\ \%$

» pour la fuite maxima. Celle-ci est, comme on voit, de plus de moitié
» inférieure à celle (7, 9 %) que j'ai trouvée avec vapeur ordinaire,
» et cependant il est évident que, toutes choses égales, un piston
» doit d'autant plus perdre qu'on travaille à une température plus
» élevée au-dessus du point de saturation.

» Il résulte donc de notre analogie, que dans la machine dont il
» s'agit, les fuites étaient, sinon absolument nulles, du moins très-
» petites et que je puis poser, sans craindre d'erreur sensible $F = o$.
» Il résulte de là

» 1° $R_{\text{c}} = 14,2$ sans surchauffe ;

» 2° $R_{\text{c}} = 5,75$ avec surchauffe pour la quantité de chaleur que
» les parois cèdent à la vapeur pendant qu'elle se rend au con-
» denseur.

» On voit que R_{c} varie, mais dans des limites très-resserrées ; et

» est plus petit avec surchauffe qu'avec vapeur saturée, ce qui était
» encore à prévoir puisque la quantité d'eau présente dans la vapeur
» à la fin de la détente est beaucoup plus grande quand la machine
» marche sans surchauffe.

» En résumé, on voit qu'ainsi que cela est dit dans le texte, la
» presque totalité de la vapeur, dépensée en sus de celle que repré-
» sente le volume engendré pendant la période d'admission, doit
» être attribuée à la condensation qui a lieu pendant cette admission
» contre les parois du cylindre, et qui sert à rendre à ces parois la
» chaleur qu'elles cèdent pendant la détente et le passage de la
» vapeur au condenseur.

» A ce sujet et avant de terminer cette note, je crois devoir
» revenir sur mes expériences et mes travaux antérieurs relatifs à la
» machine à vapeur.

» Dès mes premières recherches sur ce moteur, j'ai appelé l'at-
» tention des physiciens sur l'action des parois des cylindres,
» comme réservoirs de chaleur, j'ai montré qu'on n'est nullement
» en droit de considérer les organes moteurs à un point de vue
» purement mécanique et géométrique, et qu'on tombe dans les
» erreurs de calcul les plus criantes lorsqu'on fait abstraction de la
» chaleur à chaque instant prise et rendue à la vapeur par le métal
» du cylindre et du piston.

» En ce sens, et pour tout ce qui concerne la vapeur saturée,
» j'aurais peu à modifier aux pages 35 — 52 du bulletin 138 — 139
» de la Société industrielle de Mulhouse pour les rendre tout-à-fait
» correctes ; le mémoire auquel je renvoie remonte à 1857. Il n'en
» est pas de même en ce qui touche à la machine à *vapeur sur-*
» *chauffée*. Tout en constatant encore ici que la vapeur éprouve
» nécessairement un abaissement de température pendant son
» admission au cylindre, j'étais cependant loin d'admettre qu'elle
» se désurchauffe complètement, qu'elle tombe au point de satura-

(1) Bulletins de la Société industrielle de Mulhouse. Exposition de la théorie mécanique de la chaleur, etc., etc.

» tion et se condense partiellement. Toutes les équations que j'ai
» établies pour déterminer les conditions essentielles de ces moteurs
» reposent au contraire sur cette supposition première : que la vapeur
» pendant l'admission reste surchauffée fortement dans le cylindre
» même. Cependant des expériences très-précises que j'ai faites
» pendant ces trois dernières années et qui avaient pour but de
» déterminer la densité de la vapeur d'après la dépense réelle à
» chaque coup de piston et d'après le volume engendré pendant la
» période d'admission, ces expériences, dis-je, m'ont peu à peu
» conduit à un dilemme qu'il fallait absolument résoudre avant d'es-
» sayer de faire faire un pas de plus à la théorie de la machine à
» vapeur ; on était forcé d'admettre : ou que les pistons des moteurs
» soumis à l'expérience laissent perdre des quantités souvent
» énormes de vapeur, ou que la vapeur la plus surchauffée est re-
» froidie jusqu'à son point de saturation pendant son admission.

» J'ai d'abord tout naturellement adopté le premier terme du
» dilemme, j'ai admis, comme je le dis au commencement de cette
» note, que les pistons les mieux faits peuvent fuir au moment de
» l'ouverture du tiroir d'admission.

» Une nouvelle expérience faite *ad hoc* est venue prouver d'une
» manière décisive que cette explication devait être rejetée à son
» tour.

» J'ai fait construire avec beaucoup de soin un piston rigide à
» garniture d'étoupes, comme ceux qui servaient autrefois dans les
» machines à basse pression ; ce genre de garniture, on le sait,
» s'use fort vite, mais elle tient cependant parfaitement la vapeur
» pendant trois, quatre jours, et alors, en raison de sa rigidité
» même, elle la tient aussi bien au début de l'admission qu'à tout
» autre moment de la course du piston. Eh ! bien, les résultats
» donnés par ce piston, même pendant les premières heures du
» travail ont été les mêmes que ceux des divers autres pistons de
» plus en plus parfaits que j'avais essayés antérieurement. A un
» point de vue tout-à-fait expérimental et pratique, il ne peut donc

» plus rester de doute sur l'exactitude de tout ce qui est développé
» dans le texte et dans cette note même , quant aux condensations
» qui s'opèrent dans les cylindres des machines à *vapeur saturée*
» et à vapeur surchauffée , et quant à la chaleur qui est cédée par
» les parois à la vapeur pendant la détente. Et je dirai ici avec
» beaucoup plus de raison encore ce que j'avais déjà dit dans mes
    premiers travaux : toute théorie de la machine à vapeur qui
» voudra faire abstraction de l'action des parois des cylindres et
» traiter ceux-ci comme de simples receptacles géométriques doit
» être considérée désormais comme inexacte et insuffisante.

    » Plusieurs physiciens ou analystes , soit dans leurs écrits , soit
» dans des entretiens particuliers que j'ai eus avec eux, ont objecté
» à ce que j'avançais sur l'action des parois des cylindres , qu'en
» raison du peu de conductibilité calorifique des gaz et des vapeurs,
» il est difficile de concevoir qu'une action aussi énergique puisse
» s'exercer dans un temps aussi court que celui dans lequel s'achève
» un coup de piston (une seconde au cas particulier).

    » Il est très-facile et très-opportun à la fois de répondre à cette
» objection :

    » 1° Occupons-nous d'abord de la condensation qui a lieu pen-
» dant l'admission.

    » Elle s'explique à l'aide d'un des principes les plus frappants de
» physique.

    » Lorsqu'une vapeur saturée ou surchauffée , et à une pression
» quelconque , se trouve renfermée dans un réservoir à parois iné-
» galement chauffées , une partie se condense et toute la masse
» de fluide se met, plus ou moins rapidement, à la pression qui
» répond à la température minima , si cette température est infé-
» rieure à celle du point de saturation de la vapeur à la pression
» initiale.

    » C'est sur ce principe que repose l'une des plus belles inventions
» de Watt : le condenseur.

    » La rapidité avec laquelle s'opère la chute de pression dépend :

» 1° de l'étendue et de la conductibilité de la partie des parois à la
» température minima ; 2° de l'état d'agitation de la masse de vapeur;
» 3° enfin de la diffférence qui existe entre la température minima
» des parois et la température de saturation correspondant à la pres-
» sion initiale.

» Lorsque l'étendue, la conductibilité des parois (relativement
» froides) l'agitation de la masse et la différence de température
» spécifiée sont très-grandes, la condensation partielle et par suite
» la chute de pression sont presque instantanées.

» C'est encore sur ces conditions bien remplies que repose le
» condenseur dit à *grande surface*, celui où les parois, que cons-
» titue de fait l'eau d'injection sont remplacées par une surface
» métallique tenue à une température inférieure à celle de la vapeur
» dans la chaudière.

» En y regardant de près nous allons voir de suite que les parois
» des cylindres, etc., doivent jouer précisément le même rôle que
» celles de ce genre de condenseur.

» La condition de conductibilité tout d'abord est parfaitement
» remplie ici ; elle l'est mieux même sous forme permanente que
» dans les condenseurs essayés jusqu'ici : tous ceux-ci, en effet, au
» bout de peu de jours, s'encrassent tellement qu'ils deviennent
» impropres à s'emparer du calorique de la vapeur et qu'ils cessent
» de fonctionner.

» Dans le cylindre de la machine à vapeur, les surfaces sont
» constamment tenues nettes par le mouvement même du piston.

» La condition d'agitation de la masse gazéiforme et par suite de
» renouvellement rapide des parties en contact avec le métal est
» rempli aussi.

» Reste à examiner la condition essentielle de la température.

» Or, ici l'expérience parle d'une manière décisive.

» Lorsque la machine analysée dans le texte travaille avec vapeur
» à 5$^{atm.}$ surchauffée à 230°, le couvercle du cylindre, c'est-à-dire
» la pièce nécessairement la plus chaude, atteint à peine 143°,

» c'est-à-dire 9° de moins que la température relative à 5^{atm}.
» (152°22) et les parois cylindriques se tiennent bien au-dessous
» des 143°. Il suit de là que quand notre vapeur à 230° pénètre
» dans le cylindre, les parties en contact avec le métal se liquéfient
» avec rapidité et sont rapidement aussi remplacées par d'autres qui se
» liquéfient à leur tour.

» Pour que cet effet se produise, remarquons le bien, il n'est
» pas du tout nécessaire que toute la masse de vapeur admise dans
» le cylindre tombe d'abord à t minima et il se peut très-bien qu'à
» la fin de l'admission la masse admise M consiste en vapeur encore
» surchauffée et en eau au-dessous de 143° ruisselant le long des
» parois.

» L'indicateur des pressions ne saurait nous faire connaître ici
» ce qui en est réellement ; le poids m_v qu'il nous indique d'après
» la pression et le volume engendré peut fort bien consister en un
» poids inconnu de vapeur à $T > 139°$ et un autre poids inconnu
» d'eau au-dessous de 139°.

» 2° Occupons-nous maintenant de la chaleur cédée à la vapeur
» pendant la détente. Au premier abord, la rapidité nécessaire de
» cet échange semble encore plus difficile à concevoir que la cession
» de la chaleur aux parois ; car ici, pourrait-on croire, la vapeur
» joue bien le rôle d'un gaz qu'il s'agit d'échauffer par rayonnement
» et par contact.

» La difficulté pourtant n'est qu'apparente.

» La vapeur condensée perdant l'admission l'a été, dis-je, par
» contact immédiat avec les parois et non par un refroidissement
» total de sa masse ; l'eau produite ruisselle donc le long de ces
» parois. Dès que la détente commence, dès que la pression tombe
» par suite, cette eau se trouve sur une paroi relativement chaude ;
» elle se met à bouillir et les parois lui rendent à peu près instanta-
» nément la chaleur qu'elle perd ainsi. Ici encore, il n'est pas du
» tout nécessaire d'admettre que la vapeur saturée, ainsi produite,
» se mêle instantanément avec la vapeur déjà présente, et il se peut
» très-bien que la température soit fort inégale dans la masse M.

» Ni l'indicateur, ni les équations de la thermodynamique ne
» peuvent nous dire ce qui en est, car les phénomènes externes
» sont identiquement les mêmes, qu'on suppose toute la masse à t
» ou qu'on admette qu'elle consiste en une masse m de vapeur à
» $T > t$ et en une autre de vapeur et d'eau $n\,a\,T < t$.

» En résumé et si j'ai su m'énoncer clairement, on voit que les
» phénomènes d'échange de chaleur qui ont lieu dans les organes de
» la machine à vapeur et que le beau travail de M. G. Leloutre,
» présente sous un jour si frappant, s'explique sans difficulté à
» l'aide des principes connus de la physique. »

G.-A. Hirn.

Logelbach, 10 octobre 1871.

Je reprends mon essai du 30 septembre 1871, en résumant mes
idées pour les appliquer à l'essai analysé dans les pages précédentes,
j'écrirai :

$$M\,C\,(T' - 14 - t_0) + (M - m_{v_0} - F)\,r_0 = m_{v_u}\,\rho_n - m_{v_0}\,\rho$$
$$- (M - F)\,(q_0 - q_n) + A\,F_{\delta_{abs}} + R_0 + a - b. =$$

$$0.1987 \times 0.48\,(195.7 - 14 - 135.31) + (0.1987 - 0.0994 - F)\,511.35$$
$$= 0.1916 \times 506.39 - 0.0994 \times 468.37 - (0.1987 - F)\,(136.42 - 87.59)$$
$$+ 12.36 + R_0 + 1.85 - 0.5.$$

Equation dans laquelle F représente les fuites hypothétiques
exprimées en kilogr. de vapeur et R_0 le refroidissement par le condenseur ; en résolvant l'équation par rapport à ces deux valeurs, les
données de l'essai du 30 septembre 1871 conduiront à :

$$R_0 + 560.18\,F = 0.74.$$

Si on pose $R_0 = 0$, il vient :

$$F = \frac{0.74}{560.18} = 0.0013$$

soit sur une dépense totale de vapeur :

$$= 0.1987 \text{ par course } \frac{0.0013}{0.1987} = 0.0065$$

soit $\qquad 0\ \%\ 65\quad$ ou $\quad 1/154$.

Si $F = 0$, $R_0 = 0^{\text{cal}}.74$ au lieu de $0^{\text{cal}}.75$ que j'ai trouvé plus haut.

LOI DE TRANSMISSION DE LA CHALEUR PAR LES PAROIS.

L'analyse précédente rend compte des phénomènes importants qui se passent pendant la détente, et les nombreuses vérifications auxquelles j'ai soumis les résultats d'observation mettent hors de doute l'influence des parois.

Au lieu de borner mes recherches aux faits qui se présentent au commencement de la détente et à la fin de la course, je les étendrai aux points intermédiaires et j'en tirerai la loi de transmission de la chaleur de $1/_{10^e}$ en $1/_{10^e}$ de course.

Les résultats ainsi trouvés permettent de se rendre compte des modifications successives de la vapeur, et de résoudre un certain nombre de questions très-intéressantes.

De la moyenne des ordonnées impaires de mes nombreux diagrammes, j'ai déduit la pression de $1/_{10^e}$ en $1/_{10^e}$ de course, puis j'ai déterminé par les procédés de calcul exposés plus haut, le poids de vapeur présent aux fractions données de la course de piston ainsi que celui de l'eau condensée, sans m'inquiéter des fuites qui, on me l'accordera certainement, n'ont plus rien à faire à l'avenir dans mes calculs.

Les éléments du mélange de vapeur et d'eau établissent pour chaque fraction de course les valeurs de J ; la loi de détente est connue par $\alpha = 0,75$; les autres quantités nécessaires au calcul du travail absolu pendant ces fractions de course du piston sont aussi connues.

MACHINE A VAPEUR SURCHAUFFÉE DE M. HIRN.

Essai du 30 septembre 1871.   Poids de vapeur et d'eau consommée : $M = 0^k.1987$; $\alpha_I = 0,75$; $f_c = 0,1137$.

NUMÉROS des ordonnées.	PRESSIONS en kilogr.	TEMPÉRATURES T_0	CHALEUR du liquide. q	CHALEUR de la vapeur. ρ	DENSITÉ. γ	VOLUME de la vapeur. Espaces nuisibles compris.	POIDS DE VAPEUR ET D'EAU. Vapeur.	Δ	Eau.	Δ %	PROPORTION d'Eau %	$m_v\rho$	Δ	Mq	Δ	J	Δ	F_δ	Δ	AF_δ	$J+AF_\delta$	Δ
y_0	3.234	135.34	136.42	468.37	1.7694	0.05616	0.0994	»	0.0993	»	50 %	46.56	»	27.44	»	73.67	»	0	»	0	73.67	»
y_5	2.175	122.22	123.07	478.72	1.2204	0.1028	0.1255	0.261	0.0732	3.5	36.8	60.08	13.52	24.45	2.66	84.53	9.14	1483.07	1483.07	2.79	87.32	13.65
y_7	1.525	111.24	111.900	487.440	0.8739	0.1547	0.1326	0.074	0.0664	4.0	33.3	64.63	4.55	22.24	2.24	86.87	2.34	2046.79	863.72	4.83	94.70	4.38
y_9	1.205	104.32	104.882	492.880	0.7002	0.2006	0.1405	0.079	0.0582	3.9	29.3	69.25	4.62	20.84	1.40	90.09	3.22	2724.80	675.04	6.42	96.51	4.81
y_{11}	1.042	99.40	99.897	496.774	0.5942	0.2495	0.1483	0.078	0.0504	4.3	25.4	73.67	4.42	19.85	0.99	93.52	3.43	3280.67	558.87	7.74	104.26	4.75
y_{13}	0.889	95.80	96.247	499.622	0.5256	0.2984	0.1568	0.085	0.0419	4.3	24.4	78.34	4.67	19.42	0.73	97.46	3.94	3759.71	479.04	8.87	106.33	5.07
y_{15}	0.800	92.98	93.397	501.854	0.4764	0.3473	0.1655	0.087	0.0332	4.5	16.8	83.06	4.72	18.56	0.56	104.62	4.46	4187.94	428.23	9.88	111.50	5.47
y_{17}	0.735	90.74	91.125	503.628	0.4398	0.3962	0.1742	0.087	0.0245	4.3	12.3	87.73	4.67	18.44	0.45	105.84	4.22	4572.62	384.68	10.78	116.62	5.42
y_{19}	0.684	88.80	89.172	505.456	0.4108	0.4451	0.1828	0.086	0.0159	4.4	8.0	92.34	4.61	17.72	0.39	110.06	4.22	4921. »	348.38	11.64	121.67	5.05
y_{21}	0.644	87.24	87.592	506.394	0.3879	0.4940	0.1946	0.088	0.0071	»	3.6	97.02	4.68	17.40	0.32	114.42	4.36	5240.4	319.40	12.36	126.78	5.11
																						53.11

$$\Sigma\,(\Delta) = Mc\,(T' - 11 - t_0) + (M - m_{v_0})\,(606,5 + 0,305\,t_0 - q_0) - a + b - R_c = 53,^{cal}11$$

Le tableau renferme tous les résultats de ces longs calculs. Dans une colonne qui a pour titre $J + A F_\delta$, je donne les valeurs des quantités de chaleur qu'il faut justifier, et enfin par les *différences premières* Δ, on peut s'assurer que les parois fournissent, pour des fractions de courses égales, une quantité de chaleur sensiblement constante depuis le commencement de la détente jusqu'à la fin de la course; la somme des différence Δ est égale, ainsi que cela doit être, à :

$$M\,C\,(T' - 14 - t_o) + (M - m_{v_o})\,(606.5 + 0.305\,t_o - q_o) - a + b - R_o$$

La loi de transmission de la chaleur par les parois est le résultat extrêmement complexe d'un grand nombre de faits qui agissent les uns dans le même sens, les autres en sens opposé.

On retrouvera du reste plus loin pour d'autres essais, toujours cette constance dans la transmission de la chaleur.

En combinant ces accroissements constants de chaleur fournie par les parois avec les proportions du mélange de vapeur et d'eau présent au commencement de la détente et en tenant compte du travail absolu fourni, on pourrait remonter à la loi de détente qui n'est du reste que la résultante finale de toutes ces influences.

De ce que les quantités élémentaires de chaleur transmise par les parois sont constantes, il ne faut pas conclure que α reste invariable pour des conditions différentes de marche de la machine, car α dépend de la proportion d'eau évaporée qui est elle-même une fonction de celle qui se condense pour différentes raisons pendant l'admission.

DÉTERMINATION DU POINT DE SATURATION DE LA VAPEUR.

En examinant dans le tableau les chiffres de la colonne qui renferme les proportions d'eau en suspension dans la vapeur, on voit que ces quantités décroissent très-rapidement.

Ainsi, à la fin de l'admission, il y a 50 % d'eau tandis qu'à la fin de la course il n'y en a plus que 3 %$_0$6, c'est-à-dire que pendant la détente 46 %$_0$4 ont été évaporés.

Pour peu que la détente eût été prolongée, la vapeur serait arrivée au point de saturation pour se surchauffer même au-delà.

Une machine qui réaliserait ces conditions serait certainement très-économique, car elle ne jetterait pas inutilement au condenseur une certaine quantité de chaleur non utilisée, qui n'a d'autre effet que d'augmenter la contre-pression derrière le piston.

La détermination du point de saturation de la vapeur présente donc un certain intérêt, et je vais en donner la solution.

Le point de saturation de la vapeur aura lieu en un point de la course du piston pour lequel le poids de vapeur calculé est égal à la dépense ou $M = 0,1987$.

On aura donc en appelant v_x le volume inconnu engendré par le piston, v_p les espaces nuisibles et γ_x la densité correspondante.

$$(1) \qquad (v_x + v_p.) \, \gamma_x = M = 0.1987$$

Mais il existe entre la densité et la pression une relation d'une exactitude mathématique, elle a été donnée par M. Zeuner.

$$(2) \qquad \gamma_x = a \, p_x^{\frac{1}{n}} = 0,6064 \; p_x^{\frac{1}{1.0646}}$$

Dans cette formule γ_x représente la densité, p_x la pression exprimée en atmosphères, a une constante ainsi que $\frac{1}{n}$. Quant à la pression p_x on l'a au moyen de la relation :

$$\frac{p_x}{p} = \left(\frac{v + v_p}{v_x + v_p} \right)^{\alpha_1} \quad p_x = p \left(\frac{v + v_p}{v_x + v_p} \right)^{\alpha_1}$$

et pour rentrer dans l'équation :

$$\gamma_x = a \, p_x^{\frac{1}{n}}$$

dans laquelle p_x est exprimée en atmosphères :

$$p_x^{\,atm.} = \frac{p}{1.033}\left(\frac{v + v_p}{v_x + v_p}\right)^{\alpha_1}$$

en substituant dans l'équation (2)

$$\gamma_x = a\left(\frac{p}{1.033}\left(\frac{v + v_p}{v_x + v_p}\right)^{\alpha_1}\right)^{\frac{1}{n}}$$

et en mettant cette valeur dans l'équation (1) on trouvera :

$$(v_x + v_p)\,a\left(\frac{p}{1.033}\left(\frac{v + v_p}{v_x + v_p}\right)^{\alpha_1}\right)^{\frac{1}{n}} = M$$

Cette équation exponentielle donne :

$$(3)\quad log.\,(v_x + v_p) = \frac{log.\,M - log.\,a - log.\,p - \frac{1}{n}\alpha_1\,log.\,(v + v_p)}{1 - \frac{1}{n}\alpha_1}$$

Si.
$$1 - \frac{1}{n}\alpha_1 = 0$$

$(v_x + v_p)$ devient infini , mais alors $\alpha_1 = n = 1.0646$
et cet exposant caractérise la courbe du *poids de vapeur constant*
à laquelle je donne le nom de courbe *isobarique*.

Si $\alpha_1 < 1,0646$ la vapeur arrivera toujours au point de saturation en prolongeant suffisamment la détente.

Si $\alpha_1 > 1,0646$, le poids d'eau en suspension dans la vapeur ira
en augmentant.

Pour trouver une valeur suffisamment exacte de $v_x + v_p$ il est
nécessaire de déterminer α avec beaucoup de soin.

On a vu dans le chapitre I que la courbe déterminée par α , ainsi
que je la calcule, donne dans certains cas un résultat presque mathématique , mais que très-souvent aussi les écarts deviennent d'autant
plus sensibles que l'on s'éloigne davantage des ordonnées de comparaison.

Pour ne pas m'exposer à un mécompte, j'emploierai un artifice qui a été indiqué dans le bulletin de la Société industrielle du mois d'avril et mai 1867.

Le plus près possible du point de saturation présumé, j'établirai une loi de détente particulière, capable de rendre compte de la suite des pressions de la *courbe moyenne* de cet essai du 30 septembre 1871.

En prenant

$$p_{17} = 0.735 \quad \text{et} \quad p_{20} = 0.662$$

pour ordonnées de comparaison on aura par la relation

$$\frac{p_{20}}{p_{17}} = \left(\frac{v_{17} + v_p}{v_{20} + v_p} \right)^{\alpha_1}$$

$\alpha_1 = 0,62$ au lieu de $0,75$ que j'ai trouvé pour déterminer le travail moyen pendant toute la détente. Je suis sûr ainsi d'avoir la pression p_x et la densité correspondante avec beaucoup d'exactitude dans les environs de la fin de la course. En prenant pour point de départ

$$p_{17} = 0^k.735 \text{ par } Ctm^2$$

ou

$$p_{1}{}^{\text{atm.}} = \frac{0.735}{1.033} = 0.712$$

l'équation (3) plus haut donnera :

$$v_x = 540^{\text{litr.}}2 - v_p = 540^{\text{litr.}}2 - 5 = 535^{\text{litr.}}2.$$

Comme le volume engendré par le piston dans une course entière n'est que de $0^{m3}489$ litres, il en résulte que si l'on prolongeait la détente de $535!2-489 = 46!2$ on arriverait au point de saturation de la vapeur, celui-ci aurait donc lieu à :

$$\frac{46.2}{489} = 0.0945$$

au-delà de la course , si toutefois on avait en réserve dans les parois la quantité de chaleur voulue à fournir par $^1/_{10e}$ de course de piston. Cette quantité à peu près constante est de 5 calories ; elle est la différence première des chiffres de la colonne J + A F $_\delta$. Or on a vu plus haut que l'excédant de chaleur emmagasinée dans les parois et qui constitue le refroidissement par le condenseur R_o ne s'élève qu'à 0,75 , de sorte que dans les conditions de l'essai du 30 septembre 1871 on ne pourrait jamais atteindre le point de saturation.

Dans d'autres conditions de travail, il pourrait être atteint, peut-être même la vapeur se surchaufferait-elle vers la fin de la course, ce qui serait sans doute arrivé si l'on avait entouré soigneusement le tuyau d'arrivée de vapeur, ainsi que nous l'avons fait pendant les essais de 1864 sur la même machine.

Si au lieu de perdre $T'_o - T' + 14 = 43° + 14° = 57°$ de surchauffe , on avait réduit ce refroidissement à 7° environ , ce qui est facile à réaliser , j'aurais eu un supplément de chaleur absorbé par les parois de

$$M C \times 50° = 0.1987 \times 0.48 \times 50 = 4^{cal.}77$$

et la vapeur serait arrivée à grand'peine au point de saturation. Encore convient-il de dire que le gain de ces $4^{cal.}77$ aurait apporté une modification sensible dans la loi du travail et les phénomènes thermiques.

Quoi qu'il en soit, il ne faut pas s'exagérer l'économie qui en serait résultée ; car, admettons que ces $4^{cal.}77$ aient rendu proportionnellement le même effet dynamique que la somme totale de calorique possédée par la vapeur à la sortie de la surchauffe ou

$$M \left[(606.5 + 0.305\, T_o) - A\, p_o\, u_o + C\, (T'_o - T_o) \right] = 129.38$$

qui ont donné un travail absolu total de $6893^{kgm.}4$ par course , ainsi qu'on l'a vu plus haut (page 98) l'économie ne serait que de

$$\frac{4.77}{129.38} = 3\ °/_o\ 7$$

Si la chaleur disponible dans la masse de vapeur est $129^{cal.}38$ aiusi que je viens de le dire, par contre la quantité de chaleur qu'il a fallu dépenser est :

$$M\,[(606.5 + 0.305\,T_o) + C\,(T_o' - T_o)] = 0.1987 \times 695,17 = 138.13$$

Mais la vapeur lance dans le condenseur $111^{cal.}96$ de sorte que la machine n'a réellement utilisé que :

$$\frac{138.13 - 111.96}{138.13} = 18\,\%\,9$$

qui ont été transformés en travail sauf déduction des pertes externes de calorique.

Il est certainement triste de reconnaître que nos moteurs à vapeur n'utilisent qu'une aussi faible fraction de la chaleur absorbée par la chaudière, et on verra plus loin que pour d'autres machines cette proportion d'effet utile est encore plus faible.

En résumé, la machine de M. Hirn travaillant avec de la vapeur surchauffée et dans les conditions de pression et de détente de l'essai du 30 septembre 1871 rend 6893,4 kilogrammètres en travail absolu par course, et consomme $0^{kgr.}1987$ de vapeur.

La consommation par cheval absolu et par heure est donc de :

$$M_{abs} = \frac{0.1987 \times 2\,T \times 60}{\dfrac{6893.4 \times 2\,T}{4500}} = \frac{0.1987 \times 60 \times 4500}{6893.4} = 7^{kgr}7836.$$

---

§ II. Essai du 25 Août 1870 de la machine de M. Hirn, travaillant avec de la vapeur saturée.

L'analyse que je viens de développer sur l'essai du 30 septembre 1871, donne une grande valeur aux conséquences que l'on peut tirer d'un ensemble d'observations contrôlées les unes par les autres.

Plusieurs de mes vérifications roulent sur le refroidissement par le condenseur ou R_0.

Cette quantité est-elle constante pour une machine donnée ? Je ne le crois pas. Elle doit dépendre de la quantité d'eau liquide qui baigne les parois du cylindre à la fin de la course ; je l'ai dit plus haut, la somme de chaleur apportée au condenseur doit être proportionnelle à la masse d'eau, présente dans le cylindre à la fin de la course du piston. C'est surtout cette eau qui enlève de la chaleur aux parois ; le rayonnement de celles-ci dans un espace rempli d'une vapeur peu dense est tout-à-fait négligeable.

C'est précisément pour savoir si R_0 est constant que j'ai fait plusieurs essais. Je viens d'analyser celui du 30 septembre 1871, pendant lequel la machine a travaillé avec de la vapeur surchauffée et un minimum d'admission.

Je vais passer maintenant à un autre essai, celui du 25 août 1870, pendant lequel la machine de M. Hirn a travaillé avec de la vapeur saturée comme une machine ordinaire, et avec un degré de détente sensiblement le même que celui qui a été maintenu pendant la semaine des essais de 1864, alors que la machine travaillait avec de la vapeur surchauffée.

Voici sous forme sommaire les résultats principaux des observations qui ont été enregistrées de 1/4 d'heure en 1/4 d'heure.

Le nombre d'heures de marche sous charge $= 8^h\ 06' = 486'$.

Si pendant cet essai l'établissement de MM. Haussmann, Jordan, Hirn et Cie n'a pas travaillé 12 heures, ainsi que cela a eu lieu pour les autres essais, cela tient à des circonstances malheureuses que rappelle suffisamment la date du 25 août 1870. Les communications entre Mulhouse et Logelbach ont cessé un ou deux jours après cet essai.

La pression moyenne de la vapeur dans le générateur $= 4^{kgr}5517$ toutes corrections faites ; la température correspondante 147°4.

Le nombre de tours moyen par minute, 30,1626.

La dépense moyenne de vapeur et d'eau par coup de piston, 0,3576.

La pression moyenne dans le condenseur $0^k.1465$, qui est sensiblement plus forte que celle que j'ai trouvée sur la même machine, alors qu'elle travaillait avec de la vapeur surchauffée.

La température moyenne de la vapeur dans le tuyau d'arrivée à environ $2^m 50$ du cylindre était de $144° 2$, soit une perte de $147,4 - 144,2 = 3° 2$ entre la chaudière et l'extrémité du tuyau d'arrivée ; la pression correspondante à cette température de $144° 2$ est de $4^k.1393$ par ctm² ; puis il s'est perdu $1^{cal.}$ depuis l'endroit où était placé le thermomètre dans le tuyau d'arrivée jusqu'à l'entrée des orifices. La vapeur est donc entrée dans le cylindre à $144° 2 - 1 = 143° 2$.

Le travail de la machine a été déterminé par les diagrammes relevés alternativement au haut et au bas du cylindre ; 32 courbes ont été prises ainsi ; elles ont servi à construire une courbe moyenne qui a donné les résultats suivants :

La pression moyenne pendant l'admission était de $3^k.123$, correction faite de la pression atmosphérique qui était de $0^k.740$. La pression finale était $0^k.852$; la détente invariable et la loi qui exprime la suite des pressions est donnée par la relation :

$$\frac{p_n}{p_m} = \left(\frac{v_m + v_p}{v_n + v_p} \right)^{0.99}$$

Le volume de vapeur admis par coup de piston en tenant compte des espaces nuisibles $v_0 = 124^l.1$ et $v'_0 = 124^l.1 - 5 = 119^l.1$, d'où résultent les degrés de détente :

$$\frac{v_0 + v_p}{v_n + v_p} = f_{I_0} = 0.2512.$$

et
$$\frac{v_0'}{v_n} = f_0 = 0.2436.$$

Le travail exercé sur le piston $= 7091^{kgr.1}$; le travail absolu total $= 9106,6$; celui de la contre-pression derrière le piston $= 2015,5$; tous ces travaux sont estimés par coup de piston.

L'eau de condensation a été jaugée de la même manière que pendant l'essai du 30 septembre 1871, dont il a été rendu compte plus haut ; seulement, ces observations n'ont duré que 10 minutes environ, temps plus que suffisant pour arriver à des résultats très-exacts. Pendant ce temps on a contrôlé le plus possible tous les faits essentiels de la machine et voici les résultats constatés.

La durée des observations à partir de $10^h \cdot 30'$ est de $576''$, de minute en minute on a relevé les observations suivantes :

Nombre de tours moyen $31,00$ par minute ; eau de condensation recueillie 4343^{kgr}, et par coup de piston $M = 7,2967$; température de l'eau froide d'injection $\theta_0 = 17°55$; température finale $= \theta_n = 43°33$; cette moyenne résulte d'observations relevées toutes les minutes à $^1/_{100^e}$ de degré centigrade près.

Il a été même fait deux essais pendant la journée sur l'eau de condensation ; l'un d'eux seul m'a servi dans les discussions suivantes ; j'en donnerai la raison tout à l'heure.

J'ai dit plus haut que la dépense moyenne de vapeur saturée et d'eau pour la journée entière de l'essai est de $0,3576$ par coup de piston. Cette dépense a eu lieu sous une pression moyenne de $4^{kgr} \cdot 5547$ par ctm^2 dans la chaudière et un nombre de tours moyen de la machine de $30,1626$ par minute. Ces deux éléments pendant l'essai de $576''$ sur l'eau de condensation étaient :

$$\text{Pression :} \quad 4^k \cdot 540 \quad \text{par } ctm^2$$
$$\text{Tours :} \quad 31.00 \quad \text{par minute.}$$

Ainsi, ni les moyennes des nombres de tours, ni surtout celles des pressions ne diffèrent entre elles de quantités telles que l'on ne puisse attribuer à la dépense par coup de piston pendant l'essai sur l'eau de condensation, la même valeur $0,3576$ que pour la moyenne de la journée.

Mais si le nombre de tours de la machine et la pression dans la chaudière avaient différé notablement, on se serait trouvé en présence de grandes difficultés pour déterminer avec une exactitude suffisante la dépense de la machine. C'est précisément parceque la pression moyenne dans la chaudière, pendant le second essai dont j'ai parlé, différait trop de la pression moyenne, pendant la journée, que j'ai dû négliger son analyse.

Si l'on ne pouvait opérer pendant de longues heures ainsi que je l'ai fait le 30 septembre 1871, il suffirait de continuer ces opérations sur l'eau rejetée par le condenseur pendant une demi-heure environ. On choisira dans les observations un intervalle pour lequel la moyenne de la pression dans la chaudière ne diffère pas sensiblement de celle de la journée, et en opérant avec quelques précautions, il est facile de trouver une suite d'observations consécutives de 15 à 20 minutes qui répondent à la condition indispensable d'une dépense identique pendant l'intervalle considéré et la journée de travail entière. Il faudra opérer comme je viens de le dire quand on voudra vérifier la dépense de la chaudière par l'eau de condensation ; mais quand il s'agit d'essais comparatifs de machines à vapeur, il est complètement inutile de jauger l'eau d'alimentation pendant un ou plusieurs jours ainsi que je l'ai fait pour les essais publiés dans le bulletin de la Société industrielle de Mulhouse. Tous les faits prouvés expérimentalement dans ce chapitre démontreront qu'en opérant pendant une ou deux heures et en relevant l'eau de condensatiou ou non, on pourra arriver non seulement à des résultats exacts sur le travail et la dépense de vapeur et d'eau, mais même à tous les renseignements qu'exige la critique scientifique d'un moteur donné.

Je suivrai dans l'analyse de cet essai la même marche que pour le précédent, sauf les modifications indispensables qui résultent de ce que maintenant la machine travaille avec de la vapeur saturée.

Le volume de vapeur admis par coup de piston

$$= v_0' + v_p = 0^{m3}1241$$

il est déduit des 32 courbes prises au haut et au bas du cylindre et de α, qui donne la loi de détente ; rappelons encore que la détente est restée calée pendant la journée entière.

La pression moyenne dans le cylindre pendant l'admission $= 3^{kgr}123$ par ctm² (moyenne déduite des 32 diagrammes), à cette pression correspond une densité de vapeur saturée $\gamma = 1^k7141$; le poids de vapeur présent dans le cylindre au commencement de la détente

$$= (v_o' + v_p)\, \gamma = 0.1241 \times 1.7141 = 0^k \cdot 2127$$

et comme la dépense déduite des observations directes de la journée

$$= 0.3576 \text{, il y a } 0.3576 - 0.2127 = 0.1449 \text{ d'eau, soit } 40\,^o/_o\,52.$$

Cette quantité d'eau ne provient pas seulement des condensations de la vapeur contre les parois du cylindre pendant l'admission, mais aussi de l'eau entraînée, et avant d'aller plus loin, je dois déterminer la proportion d'eau vésiculaire que la vapeur apporte dans le cylindre.

Ce sont les observations sur l'eau de condensation qui me permettent de résoudre cette question; j'appliquerai les formules développées par M. Hirn dans le bulletin de la Société industrielle de Mulhouse du mois d'octobre 1869 en y apportant toutes les corrections relatives aux pertes externes de calorique.

La formule par laquelle M. Hirn a déterminé l'eau entraînée est la suivante :

$$(M' - M)\,(\theta_n - \theta_o) =)\,(M - n)\,(606.5 \times 0.305\, t_o - \theta_{n}) + n\,(q - \theta_{n}) - A\,F_1$$

Elle est basée sur la théorie des mélanges, correction faite de la chaleur disparue par le travail externe rendu.

Les lettres y ont la signification que je leur ai attribuée précédemment, il suffira d'ajouter que la quantité d'eau entraînée est représentée par n.

Avant d'appliquer la formule ci-dessus il convient d'entrer dans quelques développements au sujet de la définition de l'eau entraînée : on peut considérer l'eau entraînée dans la chaudière même; c'est alors l'eau arrachée mécaniquement de la masse de liquide en ébullition. Du dôme de la chaudière à l'entrée du cylindre , la vapeur se refroidit dans les tuyaux ; ce refroidissement donne lieu à une condensation ou à une formation de brouillard ; cette eau condensée et ce brouillard s'ajoutent à l'eau entraînée sortant de la chaudière ; c'est la somme de ces quantités que l'on désigne habituellement par les mots : eau entraînée à l'entrée du cylindre.

La formule de M. Hirn telle que nous venons de l'écrire ne donne pas l'eau entraînée à la sortie de la chaudière ou à l'entrée du cylindre , car elle ne tient pas compte de la somme algébrique de chaleur perdue ou gagnée par les refroidissements externes du cylindre , des tuyaux et les frottements du piston , pour arriver à des résultats plus précis , je l'écrirai de la manière suivante :

$$(M'-M)(\theta_n - \theta_0) = (M - n)(606.5 \times 0.305\, t_0 - \theta_n) + n(q - \theta_n) - A\,F_1 - \Sigma\,N,$$

Le 1er membre est la chaleur gagnée par l'eau de condensation :

$$(M - n)(606.5 + 0.305\, t_0) + n\, q_0$$

est la chaleur fournie à la vapeur et à l'eau sorties de la chaudière ; $A\,F_1$ la chaleur consommée par le travail externe rendu.

$\Sigma\,N$ la somme algébrique de toutes les pertes et gains de chaleur externes ou internes. Cherchons l'eau entraînée, non pas à la sortie du générateur, mais à l'entrée du cylindre lui-même ; ce premier résultat obtenu , il nous sera facile plus tard de remonter à l'eau vésiculaire à la sortie du dôme de la chaudière.

Il suffira de quelques explications au sujet du terme $\Sigma\,N$. Dans les conditions où nous nous plaçons nous devons considérer :

$1°$ Le refroidissement externe du cylindre $a = 1^{cal.}85$; $2°$ le refroidissement par le tuyau en cuivre qui conduit la vapeur au condenseur ou $a_1 = 1^{cal.}$; $3°$ le gain de chaleur rendu par le frottement du piston moteur et de celui de la pompe à air,

soit $\qquad b + b_1 = 0.5 + 0.5 = 1$ calorie

donc $\qquad \Sigma\,N = a + a_1 - (b + b_1)$

12

Rappelons encore que la température de la vapeur dans les boîtes de distribution est $t_o = 143,2$ (page 135).

En résolvant l'équation par rapport à n et remplaçant T_o température dans la chaudière par t_o, nous aurons :

$$n = \frac{M\,(\,606.5 \times 0.305\;t_o - \theta_n\,) - (M' - M)\,(\,\theta_n - \theta_o\,) - A\,F_i - \Sigma N}{606.5 + 0.305\;t_o - q_o}$$

et en remplaçant par les valeurs particulières

$$n = \frac{0.3576\,(606.5 + 0.305 \times 143.2 - 43.33) - (7.2967 - 0.3576)\,(43.33 - 17.55) - 16.72 - 1.85}{606.5 + 0.305 \times 143.2 - 144.55}$$

$$= \frac{19.55}{505.65} = 0.0387$$

soit

$$\frac{0.0387}{0.3576} = 10\;^o/_o\,82$$

et la proportion de vapeur $89\;^o/_o\,18$.

Nous avons dit plus haut que le poids d'eau contenu dans la vapeur à la fin de l'admission était $0^k 1449$, soit $40\;^o/_o\,52$ provenant des condensations et de l'eau entraînée ; celle-ci étant connue par le calcul précédent qui donne $n = 0,0387$, nous en concluons qu'il s'est condensé contre les parois du cylindre et du piston :

$$0\,1449 - 0.0387 = 0.1062 \text{ de vapeur}$$

à

$$p_o = 3^k\cdot123 \quad \text{et à} \quad t_o = 134.16.$$

Nous avons à justifier les résultats, ainsi que quelques faits que l'étude des diagrammes et les observations sur l'eau de condensation nous ont révélés ; la marche à suivre est la même que pour l'essai précédent. La chaleur interne du mélange de vapeur et d'eau est encore donnée par

$$J_o = m_{v_o}\,\rho_o + M\,q_o$$

$$J_o = 0.2127 \times 469.28 + 0.3576 \times 135.24 = 99.32 + 48.36 = 148.18$$

A la fin de la course du piston , la pression moyenne déduite des 32 diagrammes $= 0,852$, à cette pression correspondent les éléments suivants :

$$t_n = 94.65 \qquad q_n = 95.08 \qquad \rho_n = 500.53 \qquad \gamma_n = 0.5048$$

Le poids de vapeur présent à la fin de la course est :

$$(v_n + v_p) \, \gamma_n = 0.494 \times 0.5048 = 0^k.2494$$

et s'il n'y a pas eu de fuites le poids d'eau est :

$$0.3576 - 0.2494 = 0.1082 \quad \text{soit } 30 \, \%_o \, 26$$

et nous aurons pour :

$$J_n = m_{v_n}\rho_n + M \, q_n = 0.2494 \times 500.53 + 0.3576 \times 95.08$$
$$= 124.83 + 34.00 = 158.83$$

La chaleur interne totale à la fin de la course dépasse celle qui existe au commencement de la détente de :

$$\begin{array}{r} 158.83 \\ - \quad 148.18 \\ \hline J_n - J_o = 10^{cal.}65 \end{array}$$

Nous devons donc justifier pendant l'acte de la détente :

1° $J_n - J_o = 10,65$;

2° La chaleur consommée par le travail absolu de la détente ;

soit $A \, F_{\delta_{abs}} = \dfrac{5387.1}{424} = 12^{cal.}71$;

3° Le refroidissement du cylindre $a = 1,85$.

Total $25,21$; moins la chaleur restituée par le frottement du piston moteur ou $0,5$.

Reste $24^{cal.}71$.

Or, il s'est condensé pendant l'admission $0^k.1062$ de vapeur à $t_0 = 134°16$, cette vapeur a cédé aux parois :

$$n\,(\,606.5 + 0.305\,t_0 - q_0\,) = 0.1062 \times 512.18 = 54^{cal}.39$$

soit
$$54.39 - 24.71 = 29^{cal}.68$$

de plus que le travail et d'autres causes n'en ont absorbé. Cet excédant ne provient pas plus d'une erreur que celui de $0^{cal}.75$ que nous avons constaté pour l'essai du 30 sept. 1871 et nous le retrouverons encore au condenseur.

En effet, à la fin de la course nous avons $J_n = 158^{cal}.83$; le travail d'expulsion exercé par le piston y ajoute :

$$\frac{2015.5}{424} = 4^{cal}.75.$$

Le frottement de la pompe fait gagner $b_1 = 0^{cal}.5$, de sorte que nous envoyons au condenseur :

$$158.83 + 4.75 + 0.50 = 164.08$$

moins une calorie perdue dans le tuyau en cuivre qui va au condenseur, soit $163^{cal}.08$.

De cette chaleur il faut retrancher celle qui reste à la vapeur et à l'eau après condensation,

soit
$$0.3576 \times 43.33 = 15.49$$

L'eau froide qui entre dans le condenseur ne reçoit donc que

$$J_n + A\,F_c - a_1 + b_1 - M\,\theta_n = 163.08 - 15.49 = 147.59$$

En réalité ce poids a gagné :

$$(\,7.2967 - 0.3576\,)\,(\,43.33 - 17.55\,) = 178.89$$

soit
$$178.89 - 147.59 = 31^{cal}.3$$

de plus que la vapeur n'en a apporté, et l'erreur entre les deux résultats ne s'élève qu'à

$$31.3 - 29.68 = 1^{\text{cal}}.62$$

et la valeur moyenne est de $30^{\text{cal}}.49$.

En raisonnant comme à la page 140, on trouve, ainsi que nous l'avons annoncé, que pour produire un refroidissement par le condenseur $R_c = 30^{\text{cal}}$ environ, il suffit que la masse totale du cylindre du piston et des fonds s'abaisse de $1/14^{\text{e}}$ de degré centigrade environ. Si pour discuter et vérifier le refroidissement extérieur R_o et les fuites par le piston nous procédons comme pour l'essai précédent, nous aurons en écrivant que la chaleur absorbée par les parois par suite de la condensation est égale à l'augmentation de la chaleur totale interne pendant la détente, plus la chaleur consommée par le travail absolu $A\, F_\delta$, plus le refroidissement R_c par le condenseur, plus le refroidissement externe a et moins la chaleur restituée par le frottement du piston b.

$$(M - m_{v_0} - n - F)\, r_o = J_n - J_o + A\, F_{\delta_{\text{abs}}} + R_c + a - b$$

d'où l'on tire :

$$R_c + F\left(r_o + (q_o - q_n)\right) = m_{v_0}\, \rho_o - m_{v_n}\, \rho_n + M\,(q_o - q_n)$$
$$+ A\, F_{\delta_{\text{abs}}} - a + b + (M - m_{v_0} - n)\, r_o$$

$$R_c + F\left(512.18 + (135.24 - 95.08)\right) = 0.2127 \times 469.28 - 0.2494$$
$$\times 500.53 + 0.3576\,(135.24 - 95.08) + 12.71 - 1.85$$
$$+ 0.5 + (0.3576 - 0.2127 - 0.0387)\,512.18$$

et

$$R_c + 552.34\, F = 29^{\text{cal}}.68$$

C'est à peu près identiquement la valeur trouvée plus haut,

si $\qquad F = 0, \qquad R_c = 29^{\text{cal}}.68$

si $\qquad R_c = 0, \qquad F = 0^{\text{k}}.0537$

soit $\qquad \dfrac{0.0537}{0.3576} = 15\,\%$

Ainsi, le maximum des fuites hypothétiques ne peut dépasser 15 % et il a été trouvé $= 0$ %,6 pour l'essai du 30 sept. 1871. Ces fuites sont donc bien réellement nulles.

Les considérations précédentes réduisent donc à néant tout passage de vapeur à travers le piston, en raison même des phénomènes thermiques qui seront encore mis en lumière d'une manière plus évidente par ce qui va suivre.

Nous terminerons cette discussion de l'essai du 30 août 1870 par la dépense de vapeur et d'eau consommée par heure et par cheval de travail absolu exercé sur le piston ; cette dépense est (voir page 133) :

$$\frac{M \times 60 \times 4500}{9106.6} = \frac{0.3576 \times 270000}{9106.6} = 10^{kil.}6024$$

Différence entre cette consommation et celle de l'essai du 30 septembre 1871, alors que la même machine travaillait avec de la vapeur surchauffée :

$$10^{k.}6024 - 7.7826 = 2.8198$$

soit

$$\frac{2.8198}{7.7826} = 36 \text{ %} 23.$$

ESSAI DE 1864 SUR LA MACHINE DE M. HIRN, TRAVAILLANT
AVEC DE LA VAPEUR SURCHAUFFÉE. (1)

L'essai du 25 août 1870 avec de la vapeur saturée a été entrepris dans le but de déterminer l'influence de la surchauffe sur la consommation d'eau ou de houille par cheval et par heure.

Le 25 août 1870, je me suis placé aussi bien que possible dans les mêmes conditions de pression et de détente que pour les essais de 1864 ; mais dans l'intervalle qui sépare ces deux essais, le nombre de tours de la machine a été un peu augmenté.

(1) Voir les bulletins de la Société Industrielle de Mulhouse, avril et mai 1867.

Cette augmentation de la vitesse du moteur n'a du reste aucune influence sur les comparaisons que je cherche à établir. Il m'a paru utile de reprendre ces expériences de 1864 et de les soumettre à une analyse décisive pareille à celle que je viens d'exposer. J'en tirerai d'ailleurs quelques conclusions importantes.

Avant tout je chercherai la valeur de R_c correspondante aux conditions moyennes du travail de la semaine des essais ; en effet, l'accord si satisfaisant qui existe entre les quantités de l'équation :

$$(M' - M)(\theta_n - \theta_o) = J_n + A F_o - a_1 + b_1 - M \theta_n + R_c \quad \text{(pages 109 et 142)}$$

nous permet de trouver très-approximativement la quantité d'eau entraînée à l'entrée du cylindre, ou à la sortie de la chaudière, au moyen des diagrammes, ou bien, l'eau entraînée étant connue on pourra déterminer R_c sans passer par des essais thermométriques et volumétriques sur l'eau de condensation.

Ces essais exigent toujours des dispositions spéciales qu'il n'est souvent pas facile de réaliser, et entraînent à des observations délicates ; nous verrons qu'on peut les éviter pourvu que la machine que l'on expérimente soit titrée préalablement sous le rapport des quantités qui entrent dans le terme ΣN.

En effet reprenons l'équation complète de l'eau entraînée (page 139).

$$(M' - M)(\theta_n - \theta_o) = (M - n)(606.5 + 0.305\, t_o - \theta_u) + n(q_o - \theta_u) - A F_i - \Sigma N$$

En combinant cette équation avec la précédente on peut écrire comme suit :

$$J_n + A F_{abs} - a_1 + b_1 + R_c + \Sigma N = M(606.5 + 0.305\, t_o) - n(606.5 + 0.305\, t_o - q_o)$$

ΣN comprend ici les refroidissements par les tuyaux et le cylindre, ainsi que les gains de chaleur par les frottements des pistons.

Si n est connu ou si $n = o$, comme c'est le cas avec la vapeur surchauffée, l'équation précédente donnera R_c en la modifiant comme nous le ferons tout à l'heure.

Mes calculs exigent quelques explications préliminaires.

Dans le bulletin de la Société industrielle de Mulhouse des mois d'avril et mai 1867 (page 186), se trouvent les éléménts de 4 diagrammes relevés pendant l'essai au frein sur la machine de M. Hirn. Ces diagrammes correspondent à une pression de $4^{atm}.590$, tandis que la pression moyenne pendant la semaine des essais est $= 4^{atm}.489$.

Il a été prouvé par l'ensemble des recherches sur la machine de M. Hirn que pour cet essai et avec un degré d'expansion $f = 0,2344$ la loi des pressions pendant la détente est sensiblement celle de Mariotte, et mes observations sur les valeurs de α exposées dans le premier chapitre du présent mémoire, établissent d'un autre côté qu'avec le même degré de détente et la faible différence de pression qui existe entre $4^{atm}.590$ et $4^{atm}.489$ l'exposant α ne peut varier que d'une fraction négligeable.

Il ne nous faut pour les discussions qui vont suivre que la pression initiale p_0 dans le cylindre, la pression finale p_n ainsi que le travail absolu total et le travail absolu pendant la détente. Toutefois, pour procéder avec rigueur, nous ne devons pas négliger la pression atmosphérique.

Dans le rapport sur les essais de 1864, on n'a pas tenu compte de cette correction, d'abord, parce qu'elle n'a aucune influence sur les résultats qu'il s'agissait d'établir alors, mais aussi parce que l'auteur de ce rapport n'avait pas eu le temps de pousser aussi loin ses investigations. Dans certaines recherches l'influence de la pression atmosphérique sur le piston de l'appareil de Watt est très-considérable, surtout lorsqu'il s'agit de transporter les diagrammes sur le terrain de la théorie mécanique de la chaleur.

Quant à p_0, sa valeur est facile à trouver.

Le tableau de la page (192) du bulletin de la Société industrielle de Mulhouse, avril et mai 1867, fait voir que la perte de pression constante entre le cylindre et la chaudière s'élève à :

$$0^{atm}523 \quad \text{soit} \quad 0.523 \times 1.033 = 0^k.540 \text{ par ctm}^2$$

et le tableau final de l'essai au frein, même bulletin, donne pour hauteur barométrique le dimanche $745\,^m/_m$; les pressions dans le cylindre au moyen desquelles on a déterminé la perte de charge de 0^h540 ci-dessus sont à corriger de

$$\frac{760 - 745}{760} \times 1^k\!\cdot\!033 = 0^k\!\cdot\!020$$

Cette perte est donc ramenée à $0,540 + 0,020 = 0^k560$ par ctm².

Le même tableau final de l'essai au frein apprend que la pression moyenne dans la chaudière pendant les six jours de la semaine était de

$$4^{atm}\!\cdot\!489 = 4.489 \times 1.033 = 4^k\!\cdot\!637$$

en retranchant la perte de pression constante 0^k560, on trouve :

$$4.637 - 0.560 = 4^k\!\cdot\!077 \text{ par ctm.}^2$$

dans le cylindre.

Passons à la correction de p_u, pression finale dans le cylindre.

Le tableau A (page 186) du bulletin déjà cité donne $p_n = 0,962$ résultant de 4 diagrammes pris à la pression barométrique de $0,745$; nous devons effectuer aussi la correction de 0^k020 et l'on trouve ainsi :

$$0.962 - 0.020 = 0^k\!\cdot\!942$$

Comme la loi de détente est celle de Mariotte, elle le sera encore lorsque la pression initiale sera tombée de :

$$4^{atm}\!\cdot\!590 \times 1.033 - 0.560 = 4^k\!\cdot\!181 \text{ à } 4^k\!\cdot\!077$$

nous aurons pour la pression moyenne p_n pendant la semaine :

$$\frac{0.942 \times 4.077}{4.181} = 0^k\!\cdot\!919 \text{ par ctm}^2$$

A ces pressions ainsi corrigées correspondent les valeurs suivantes :

à $p_o = 4.077$ $t_o = 143.49$ $q_o = 144.78$ $\rho_o = 461.90$ $\gamma_o = 2.2015$
à $p_n = 0.919$ $t_n = 96.73$ $q_u = 97.19$ $\rho_n = 498.89$ $\gamma_n = 0.5424$

Le poids de vapeur saturée présent au commencement de la détente est donc :

$$(v_0{'} + v_p) \gamma_1 \; ^{(1)} = (0.^{m3}115 + 0.005) \, 2.2015 = 0^k.2642.$$

et comme la dépense déduite du jaugeage de l'eau d'alimentation est de $0^k.3052$, il s'est condensé pendant l'admission $0,3052 - 0,2642 = 0,0410$ de vapeur surchauffée, soit $13 \, ^o/_o \, 43$.

A la fin de la course il y a :

$$(v_n + v_p) \; \gamma_n = 0.494 \times 0.5424 = 0.2679$$

de vapeur présente dans le cylindre et

$$0.3052 - 0.2679 = 0.0373 \text{ soit } 12 \, ^o/_o \, 22 \text{ d'eau.}$$

Nous déterminons le travail absolu total pendant l'admission et la détente par la puissance moyenne en chevaux pendant la semaine.

L'essai au frein a servi à constater le travail moyen rendu sur le premier arbre moteur, il s'élève à $106^{chx}7$ sous un nombre de tours $27,084$; les frottements de la machine absorbent $11^{chx}07$ (page 189, même bulletin).

Le travail exercé sur le piston s'élève donc à :

$$106.7 + 11.07 = 117.77$$

soit

$$\frac{117.77 \times 75 \times 60}{2 \, T} = 9783,7 \; ^{\text{kgrmètres}} \text{ par course.}$$

En ajoutant à ce travail celui de la contre-pression derrière le piston, on obtiendra le travail absolu total F_{abs}. Cette contre-pression moyenne est donnée par les 4 diagrammes de ces recherches, elle s'élève à $0^k.315$ par ctm^2 ; mais la correction barométrique la réduit à $0,315 - 0,020 = 0,295$ et

$$V_n \, p_c = 0.489 \times 2950 = 1442^{kgr}.6 = F_c \, ; \; A \, F_c = \frac{1442.6}{424} = 3^{cal}.4.$$

(1) Voir même bulletin de la Société industrielle , page 185.

Le travail absolu total

$$F_{abs} = 9783.7 + 1442.6 = 11226.3 \qquad \text{par course}$$

et
$$A\,F_{abs} = \frac{11226.3}{424} = 26^{cal.}48.$$

Passons maintenant à la détermination de R_c ; l'équation donnée page 145.

$$J_n + A\,F_{abs} - a_1 + b_1 + R_c + \Sigma N = M\,(606.5 + 0.305\,t_o) - n\,(606.5 + 0.305\,t_o - q_o)$$

se rapporte ainsi que nous l'avons vu à la vapeur saturée ; pour passer à la vapeur surchauffée il faut poser $n = 0$ et tenir compte dans le second membre de la chaleur supplémentaire gagnée dans la surchauffe et du refroidissement externe par le tuyau d'arrivée de vapeur ; si donc nous représentons la température de la vapeur près des boîtes de distribution par T', nous aurons, d'après le tableau C, page 202 du rapport déjà cité, $T' = 222°75$.

Puis, nous avons dit plus haut qu'il y a une perte de $14°$ depuis l'endroit où T' a été observé jusque dans les boîtes de distribution, l'équation précédente devient ainsi :

$$J_n + A\,F_{abs} - a_1 + b_1 + R_c + \Sigma N = M\,(606.5 + 0.305\,t_o) + M\,C\,(T' - 14 - T_o)$$

T_o est la température moyenne dans la chaudière ; à

$$P = 4^{atm.}489 = 4^{kgr.}637 \ \text{par ctm}^2$$

ou
$$T_o = 148.18 \ \text{correspond} \ q_o = 149.60$$

ΣN ne comprend ici que le refroidissement externe du cylindre $a = 1^{cal.}85$, celui du tuyau en cuivre qui conduit la vapeur au condenseur $a_1 = 1$, et les gains de chaleur du piston moteur et de celui de la pompe à air

$$- b - b_1 = 0.5 - 0.5 = -1$$

donc
$$\Sigma N = a + a_1 - b - b_1$$

Ce sont les valeurs admises dans les analyses précédentes ; quant au refroidissement par le tuyau d'arrivée de la vapeur surchauffée, il est compris dans le terme :

$$M\,C\,(\,T' - 14 - T_o\,)$$

Notre équation devient donc :

$$J_n + A\,F_{abs} + a - b + R_c = M\,(606.5 + 0.305\,T_o) + M\,C\,(T' - 14 - T_o)$$

$$et\,R_o = M\,(606.5 + 0.305\,T_o) + M\,C\,(T' - 14 - T_o) - J_n - A\,F_{abs} - a + b$$

$$= 198.90 + 8.88 - 163.31 - 26.48 - 1.85 + 0.5 = 16^{cal}.64$$

Afin d'être rassuré sur cette valeur de R_c, examinons à titre de vérification, comment elle concorde avec les phénomènes qui se passent pendant la détente, en d'autres mots elle doit justifier l'équation :

$$J_n - J_o + A\,F_{d\,abs} + a - b + Rc = M\,C\,(T' - 14 - t_o) + (M - m_{v_o})(606.5 + 0.305\,t_o - q_o)$$

qui traduit algébriquement les opérations vérifiées. (page 107 et page 125).

Nous devons faire remarquer que $A\,F_{d\,abs}$ repose uniquement cette fois sur les diagrammes et que $A\,F_{abs}$, qui a servi à trouver R_c précédemment, est déduit de l'essai au frein.

Or, pour $\qquad p_o = 4.077$

$$J_o = m_{v_o}\,p_o + M\,q_o = 0.2642 \times 461,90 + 0.3052 \times 144.78 = 166^{cal}.22$$

$$F_{d\,abs} = p_o\,v_o \times 2.303\,log.\,\frac{1}{f} = 4.077 \times 0.^{m3}115 \times 2.303\,log.\,\frac{489}{115}$$

$$= 6787.4 \;\text{et}\; A\,F_{d\,abs} = \frac{6787.4}{424} = 16^{cal}.01$$

et pour les autres termes nous aurons :

$$(M - m_{v_o})(606.5 + 0.305\,t_o - q_o) = 0.041\,(606.5 + 0.305 \times 143.49 - 144.78) = 20^{cal}.72$$

$$M\,c\,(T' - 14 - t_o) = 0.3052 \times 0.48\,(222.75 - 14 - 143.49) = 9^{cal}.56$$

$$R_c = M\,C\,(T' - 14 - t_o) + (M - m_{v_o})(606.5 + 0.305\,t_o - q_o) - J_n + J_o - A\,F_{d\,abs} - a +$$

$$= 9.56 + 20.72 - 163.31 + 166.22 - 16.01 - 1.85 + 05 = 15,83$$

au lieu de $16^{cal}.64$ trouvées plus haut ; la différence ne s'élève qu'à $0,84^{cal}$ et la moyenne est :

$$R_c = \frac{16.64 + 15.83}{2} = 16.24$$

Ainsi que nous l'avons prévu R_c est une variable qui, dans la machine de M. Hirn, croît depuis $0^{cal}.64$, essai du 31 septembre 1871 (à vapeur surchauffée) jusqu'à $30^{cal}.49$, qui est la moyenne de l'essai du 25 août 1870 (à vapeur saturée) en passant par une valeur intermédiaire de $16^{cal}.24$ pour les expériences de 1864 (à vapeur surchauffée). La valeur de $R_c = 0^{cal}.64$ est trop petite pour permettre quelques conclusions sûres, car la plus petite erreur d'observation la fausse proportionnellement beaucoup trop ; les deux autres valeurs moyennes qui sont plus grandes se prêtent mieux à une discussion.

R_c constitue une véritable perte de calorique par le condenseur ; elle ne provient pas d'un rayonnement dans un espace froid renfermant une vapeur très-peu dense, mais nous l'attribuons à une *évaporation de l'eau* qui ruisselle le long des parois du cylindre pendant la durée de l'échappement lorsque la température s'abaisse considérablement derrière le piston ; cette eau prend la chaleur aux parois et s'évapore en partie.

Les parois ainsi refroidies reprendront pendant l'admission suivante, à la vapeur qui alors se condense, la chaleur nécessaire pour se maintenir dans un état d'équilibre thermique correspondant aux conditions de marche moyenne de la machine.

Plus la vapeur renferme d'eau liquide à la fin de la course et plus R_c doit être considérable, et même on peut fixer immédiatement une limite supérieure à R_c ; elle ne pourra jamais dépasser la chaleur de vaporisation qu'exigerait la quantité d'eau présente à la fin de la course ; l'eau vésiculaire et le brouillard sont rapidement entraînés au condenseur, sans enlever au cylindre une quantité de chaleur appréciable.

L'eau qui s'évapore pendant l'échappement détermine non-seulement une perte de calorique, mais elle donne lieu encore à une augmentation de la contre-pression derrière le piston.

Examinons quel rapport existe entre R_c et la chaleur de vaporisation de l'eau présente à la fin de la course du piston.

Nous nous appuyons à cet effet sur les valeurs moyennes de R_c des essais du 25 août 1870 et sur celles de 1864.

Pendant le premier de ces essais la machine de M. Hirn a travaillé avec de la vapeur saturée et en 1864 avec de la vapeur surchauffée.

Rappelons encore que la machine n'a pas de chemise de vapeur ; elle est protégée contre les refroidissements externes par une couche de poils de veau et des douves en bois.

ESSAI DU 25 AOUT 1870.

Nous avons vu (page 144) que la quantité d'eau présente dans le cylindre au moment où le piston arrive à la fin de sa course $= 0^k 1082$; une partie de cette eau s'évapore pendant l'échappement, sans cela R_c n'aurait pas de raison d'être.

La pression moyenne pendant l'échappement

$$p_c = 0^k.408 \text{ par ctm}^3$$

à cette pression correspond une température

$$t_c = 75.91 \text{ et } q_c = 76.158$$

et les $0^k.1082$ exigent dans ces conditions, pour être évaporés :

$$0^k 1082 (606.5 + 0.305 \, t_c - q_c) = 0.1082 (606.5 + 0.305 \times 75.91 - 76.158) = 59^{cal}.89.$$

Or la valeur moyenne de $R_e = 30,49$, c'est-à-dire qu'il n'y a qu'une fraction d'eau s'élevant aux :

$$\frac{30.49}{59.89} = 51 \; \%$$

qui s'est évaporée pendant l'échappement.

ESSAI DE 1864.

La contre-pression moyenne derrière le piston $= 0^k 295$, valeur à laquelle correspondent

$$t_c = 68.13 \text{ et } q_c = 68.322$$

les $0.^{kgr}0373$ d'eau présente à la fin de la course exigent pour être évaporés :

$$0.0373\,(606.5 + 0.305\,t_c - q_c) = 0.0373\,(606.5 + 0.305 \times 68.13 - 68.322) = 20^{cal}.85$$

et la valeur moyenne de $R_e = 16.24$; il n'a pu s'évaporer dans ces conditions que les

$$\frac{16.24}{20.85} = 78 \; \%$$

de l'eau présente à la fin de la course.

Il faudrait un plus grand nombre d'expériences pour établir ce rapport ; cependant comme R_e n'est pas une quantité très-considérable sur l'ensemble de la chaleur interne totale, nous croyons ne pas commettre une erreur sensible en admettant pour R_e la moyenne des deux rapports ci-dessus, soit

$$\frac{51 + 78}{2} = 64.5 \; \%$$

ou environ les $\frac{2}{3}$ de l'eau présente à la fin de la course.

La consommation d'eau par cheval absolu et par heure est pour les essais de 1864

$$M_{abs} = \frac{M \times 2\,T \times 60}{\dfrac{F_{abs} \times 2\,T}{4500}} = \frac{M \times 270000}{F_{abs}} = \frac{0.3052 \times 270000}{11226.3} = 7.3403$$

avec une détente $f_c = 0.2344$ et $f_{i_c} = \dfrac{120}{494} = 0\,2429$

L'essai du 30 septembre 1871 avec $f_c = 0,1137$ a donné $M_{abs} = 7,7826$.

La différence, malgré la variation très-sensible dans la détente, ne s'élève qu'à :

$$7.7826 - 7.3403 = 0.4423 \text{ soit } \frac{0.4423}{7.7826} = 5\ ^{\circ}/_{\circ}\ 7.$$

DÉTERMINATION DE LA CONSOMMATION DU MÉLANGE D'EAU ET DE VAPEUR AU MOYEN DES DIAGRAMMES.

ÉTUDE SUR L'INFLUENCE DES DÉTENTES VARIABLES, CAS DE LA VAPEUR SURCHAUFFÉE.

Les résultats que nous venons de développer sur les trois essais de la machine de M. Hirn nous permettent de calculer exactement la dépense d'un moteur au moyen des diagrammes seuls, mais il est nécessaire de connaître le degré de la surchauffe ou la proportion d'eau entraînée dans le cas où la machine travaille avec de la vapeur saturée.

Toutes les vérifications exposées dans les pages précédentes autorisent même à dire qu'il est possible d'analyser coup de piston par coup de piston tous les faits que présente le travail de la vapeur.

Le 22 septembre 1871 , j'ai relevé un certain nombre de diagrammes sur la machine de M. Hirn , en l'alimentant avec de la vapeur surchauffée et en faisant varier la détente pour chaque courbe. Je ne me suis pas préoccupé de la dépense d'eau ou de houille , mais seulement des éléments essentiels à mes recherches.

Pour déterminer la dépense de vapeur par coup de piston au moyen d'un diagramme délicatement tracé , je m'appuie sur l'équation de la page 150 :

$$J_n + A F_{abs} + a - b + R_o = M (606.5 + 0.305 T_o) + M C (T' - 14 - T_o)$$

dans laquelle M représente la dépense inconnue de vapeur surchauffée; les autres valeurs du second membre sont données par l'observation au moment même où le diagramme est tracé.

$A F_{abs}$ est connu par le diagramme $+ a$ et $- b$ sont des quantités d'observation déterminées par nos recherches antérieures ; il ne reste qu'à trouver J_n et R_c.

Quant à J_n nous avons $J_n = m_{v_n} \rho_n + M q_n$, $m_{v_n} \rho_n$ et q_n sont déduits de la pression finale et l'équation ci-dessus devient en substituant :

$$m_{v_n} \rho_n + M q_n + A F_{abs} + a - b + R_o = M (606.5 + 0.305 T_o) + M_c (T' - 14 - T_o)$$

qui ne renferme d'autres inconnues que M et R_c.

Quant à R_c nous avons vu , page 153 , que sa valeur moyenne , qui n'a pas en somme une grande influence , est approximativement égale dans les conditions de l'essai de 1864 aux 0,78 de la chaleur de vaporisation de l'eau présente à la fin de la course du piston $R_o = 0.78 (M - m_{v_n}) (\lambda_o - q_o)$ ou si nous désignons $(\lambda_o - q_o)$ par r_o selon la notation admise dans les ouvrages de thermodynamique , il vient :

$$R_o = 0.78 (M - m_{v_n}) r_o$$

et l'équation précédente devient :

$$m_{v_n} \rho_n + M q_n + A F_{abs} + a - b + 0.78 (M - m_{v_n}) r_o = M (606.5 - 0.305 T_o) - M C (T' - 14 - T_o)$$

13

$$\text{soit } M = \frac{m_{v_n}\left(\rho_n - 0.78\,r_c\right) + A\,F_{abs} + a - b}{606.5 + 0.305\,T^o + C\left(T - 14 - T_o\right) - q_n - 0.78\,r_c}$$

Laissons cependant R_c sous forme indéterminée et résolvons l'équation par rapport à M.

$$M = \frac{m_{v_n}\,\rho_n + A\,F_{abs} + a - b + R_c}{606.5 + 0.305\,T_o + C\left(T - 14 - T_o\right) - q_n}$$

On voit ainsi mieux l'influence de la chaleur apportée de la surchauffe, en supposant que R_c reste constant, et les discussions précédentes établissent que, quoique R_c soit variable, cette valeur ne se meut cependant qu'entre des limites assez resserrées relativement au numérateur, au moins dans le cas de la surchauffe; d'un autre côté, si le numérateur augmente par $m_{v_n}\,\rho_n$ le dénominateur diminue par suite de q_n, d'où il résulte que, quelque soit le degré de détente sous lequel la machine travaille, le rapport $\dfrac{M}{A\,F_{abs}}$, et par suite la dépense de vapeur par cheval absolu et par heure doit peu varier; en d'autres mots, l'influence d'une détente plus ou moins prolongée sur la consommation, n'est pas considérable; c'est pour m'assurer de ce résultat qui est diamétralement opposé aux idées reçues que j'ai relevé des diagrammes le 22 septembre 1871.

Pour arriver à des résultats comparables, je me suis efforcé de maintenir la température de la vapeur surchauffée constante, pendant que je faisais varier la détente entre des limites très-éloignées.

Si T variait beaucoup il ne serait plus permis de se prononcer avec autorité sur les comparaisons que je vais établir. C'est sur ce sujet tout nouveau, de l'influence peu sensible d'une détente prolongée sur la consommatton de vapeur des machines sans enveloppe, que e m'étendrai dans la suite de ce chapitre.

www.ingramcontent.com/pod-product-compliance
Ingram Content Group UK Ltd.
Pitfield, Milton Keynes, MK11 3LW, UK
UKHW021910070726
13613UKWH00001B/444